Heinz Csallner
Historische Ansichten von Schlesien

Heinz Csallner

# Historische Ansichten von Schlesien

DÖRFLER · VERLAG

Quellenangaben:
Handbuch der historischen Stätten – Schlesien, im Alfred Kröner Verlag, Stuttgart;
Schlesien – von Heinz Rudolf Fritsche;
Schlesien-Lexikon – von Klaus Ullmann;
Gespräche mit Landsleuten.

Bildnachweis:
Alle Fotos stammen aus der Sammlung des Autors.
Die Karte auf Seite 176 erstellte Michael Floiger.

Bild Seite 2: Schmiedeberg im Riesengebirge am Fuße der Schneekoppe.

Umschlaggestaltung: Andreas Dorn

Im Internet finden Sie unser Verlagsprogramm unter:
www.doerfler-verlag.de

# Inhalt

Das Rathaus in Jauer.

# Vorwort

In vorchristlicher Zeit war Schlesien von den Kelten bewohnt, die dann durch ostgermanische Stämme, die Lugier, später durch die Silinger, teilweise verdrängt wurden; die Silinger gaben diesem Land auch den Namen Silesia, „Schlesien".

Um 1200 war Schlesien ein ziemlich dünn besiedeltes Land, das aus einzelnen Herzogtümern bestand. Nun betritt Herzog Heinrich I. von Schlesien (1201–1238), verheiratet mit Hedwig von Andechs-Meran, die politische Bühne; eine überragende Persönlichkeit mit weitreichenden Plänen und Visionen, er holt deutsche Siedler – Bauern, Handwerker, Kaufleute, Ritter und Mönche – in das Land, es erfolgen zahlreiche Dorf- und Stadtgründungen, Kirchen und Klöster werden errichtet. Sein Sohn, Heinrich II., fällt 1241 bei der Mongolenschlacht und viele deutsche Ansiedlungen, so Liegnitz, Breslau, Ohlau, Oppeln, gehen in Flammen auf, doch es erfolgt umgehend ein Neubeginn. Zwischen 1250 und 1300 beginnt in verstärktem Maße die Besiedlung Schlesiens und das Land wird in den deutschen, westlichen, abendländischen Kulturkreis eingebunden. Bedeutenden Anteil daran haben auch die schlesischen Bischöfe und die Klöster Leubus, Heinrichau, Grüssau und Trebnitz.

Im Vertrag von Trentschin 1335 verzichtet König Kasimir III. von Polen gegenüber König Johann von Böhmen auf Schlesien, dieser war einer der sieben deutschen Kurfürsten und dadurch wird Schlesien ein Teil des Deutschen Reiches.

Während der Reformationszeit toben in Schlesien heftige Kämpfe, die Protestanten haben sehr zu leiden, es entstehen die berühmten Friedens-, Grenz- und Gnadenkirchen.

1526 gelangt Schlesien in den Besitz des österreichischen Hauses Habsburg. 1740 stirbt in Wien Kaiser Karl VI. Er hinterlässt keine Söhne, seine Tochter Maria Theresia tritt das Erbe an. Inzwischen ist eine neue europäische Macht entstanden: Preußen. König Friedrich II. verweist auf alte Erbansprüche und sieht die Gelegenheit gekommen, seine ehrgeizigen Pläne durchzusetzen und Schlesien zu erobern. Es folgen die drei Schlesischen Kriege und der Frieden von 1763 bestätigt die neuen Erwerbungen des Fridericus Rex. Schlesien entwickelt sich zu einem wirtschaftlich starken Land, die Städte wachsen, um diese Zeit entstehen viele Schlösser und Herrensitze. Doch eine neue Gefahr droht aus Westeuropa: Napoleon hatte seinen Siegeszug angetreten und Preußen erobert, als einzige Provinz war Schlesien noch frei. 1813 fiel Breslau im Rahmen der Befreiungskriege eine zentrale Führungsrolle zu, es erfolgte der berühmte Aufruf „An mein Volk" und Marschall Blücher versammelte und einte die schlesische Armee. Im oberschlesischen Industriegebiet wurden die schweren Waffen geschmiedet, um den Truppen Napoleons widerstehen zu können, denn das Ruhrgebiet lag damals in französischer Hand.

Das unglückliche Kriegsende 1918 und der Versailler Vertrag brachten den Verlust eines Teiles Oberschlesiens, obwohl bei der Volksabstimmung am 20. März 1921 die Mehrheit der Bevölkerung (60 %) für Deutschland votierte.

Doch die größte und schmerzhafteste Zäsur sollte Anfang 1945 erfolgen, als Schlesien von der Roten Armee erobert wurde und Millionen Schlesier flohen bzw. ausgewiesen wurden. Damals spielten sich furchtbare Tragödien ab, die aber weitgehend verdrängt wurden, und die ältere Generation wollte darüber nicht sprechen. Doch heute, nach 60 Jahren, hat sich vieles geändert und Polen ist wieder nach Europa zurückgekehrt. Wir brauchen und wollen ein versöhntes Europa, in dem die Völker friedlich miteinander leben. Das gelingt nur, wenn man auch die deutsche Geschichte und Kultur Schlesiens in diese Bemühungen einbindet.

Frankfurt am Main, im Sommer 2004
Heinz Csallner

# Die 50 größten Städte Schlesiens

| | | | |
|---|---|---|---|
| Breslau | 629 565 Einw. | Lauban | 16 436 Einw. |
| Kattowitz (1931) | 127 044 Einw. | Striegau | 15 155 Einw. |
| Hindenburg | 126 220 Einw. | Jauer | 13 728 Einw. |
| Gleiwitz | 117 240 Einw. | Landeshut | 13 461 Einw. |
| Königshütte (1931) | 102 349 Einw. | Leobschütz | 13 452 Einw. |
| Beuthen O.S. | 101 084 Einw. | Ohlau | 12 424 Einw. |
| Görlitz | 93 808 Einw. | Strehlen | 12 290 Einw. |
| Liegnitz | 83 681 Einw. | Sprottau | 11 974 Einw. |
| Waldenburg | 64 136 Einw. | Kreuzburg O.S. | 11 673 Einw. |
| Oppeln | 52 977 Einw. | Groß-Strehlitz | 11 523 Einw. |
| Ratibor | 50 004 Einw. | Haynau | 11 114 Einw. |
| Schweidnitz | 39 052 Einw. | Gottesberg | 11 011 Einw. |
| Neisse | 37 859 Einw. | Cosel | 10 896 Einw. |
| Hirschberg | 35 296 Einw. | Lüben | 9 920 Einw. |
| Glogau | 33 495 Einw. | Bad Salzbrunn | 9 779 Einw. |
| Brieg | 31 419 Einw. | Ziegenhals | 9 772 Einw. |
| Grünberg | 25 804 Einw. | Freiburg | 9 102 Einw. |
| Bunzlau | 20 753 Einw. | Katscher | 8 914 Einw. |
| Glatz | 20 575 Einw. | Münsterberg | 8 892 Einw. |
| Sagan | 20 441 Einw. | Brockau | 8 689 Einw. |
| Langenbielau | 19 924 Einw. | Trebnitz | 8 491 Einw. |
| Reichenbach | 17 253 Einw. | Goldberg | 7 860 Einw. |
| Neusalz | 17 113 Einw. | Preiskretscham | 7 734 Einw. |
| Neustadt O.S. | 16 937 Einw. | Namslau | 7 691 Einw. |
| Oels | 16 456 Einw. | Oberglogau | 7 527 Einw. |

(Stand 17.5.1939)

Breslau mit der gotischen St.-Maria-Magdalenen-Kirche. Die beiden die Stadtsilhouette mitbestimmenden, barocken 72 m hohen Türme der 650 Jahre alten Basilika wurden durch eine Arkade verbunden, im Breslauer Volksmund stolz „die höchste Brücke der Stadt" genannt. Diese „Brücke" wurde 2003 wieder neu errichtet (Bild rechte Seite).

Bevor wir unsere Reise durch Schlesien unternehmen, wollen wir es nicht versäumen, Friedrich dem Großen unsere Reverenz zu erweisen, denn er hat das Juwel Schlesien für Preußen erobert. Ohne die ehrgeizigen Ziele des „Fridericus Rex" wäre die schlesische Geschichte wohl ganz anders verlaufen. Es gab viele größere und kleinere Kriege um Schlesien, die Schlachten bei Mollwitz, Hohenfriedeberg und Leuthen sind unvergessen.

Bekannte Bilder des „Großen Königs".

Das berühmte Gemälde (linke Seite unten) zeigt die Ansprache Friedrichs des Großen an seine Generäle am Abend vor der Schlacht bei Leuthen am 5. Dezember 1757. Auf dieser Seite sehen wir das 1921 eröffnete Museum in Leuthen.

Das zwischen 1844 und 1847 aus Granitgestein mit 30 Bogen errichtete, 475,5 m lange und 35 m hohe Eisenbahn-Viadukt über die Neiße südlich von Görlitz war ein kühnes, viel bestauntes Bauwerk. Es wurde bei Kriegsende gesprengt und ist inzwischen wiederhergestellt. Der weite Ausblick bei der Überquerung war ein unvergessliches Erlebnis, in der Ferne erkannte man bereits das Iser- und Riesengebirge.

Heute zweigeteilt und immer noch eine der schönsten Städte Deutschlands – wir sind in Görlitz. Der größere Stadtteil im Westen blieb im Zweiten Weltkrieg weitgehend unzerstört und ist ein beliebtes Reiseziel; der kleinere Stadtteil östlich der Lausitzer Neiße ist eine polnische Grenzstadt geworden und heißt Zgorzelec. Görlitz wurde 1071 erstmals genannt und erhielt 1301 das Magdeburger Stadtrecht. Die Stadt besitzt auch heute noch zahlreiche historische Gebäude, Stadttürme und viele alte Bürgerhäuser.
Die Abbildungen zeigen oben den Obermarkt mit dem Reiterstandbild Kaiser Wilhelms I., unten den durch einen Park verschönerten Postplatz.

Sagan am Bober erhielt bei seiner Stadtgründung in der Mitte des 13. Jh. einen rechteckigen Ring. In Sagan entstand eine bedeutende Textil- und Schuhindustrie. Weit über die Stadtgrenzen hinaus berühmt war das mächtige Barockschloss mit seinen großen Gärten und Parks. Wallenstein ließ es von dem italienischen Baumeister Vincentio Bocacci errichten; Baubeginn war 1627. Das prunkvoll ausgestattete Schloss hat glanzvolle Zeiten erlebt und gehörte zuletzt den französischen Herzögen Talleyrand und Périgord.

Bild oben: Blick auf die Stadt mit der katholischen Pfarrkirche.

Bild Mitte: Eine malerische Partie am Bober.

Sagan Boberpartie im Parchen

Der Markt mit dem Rathaus. Der Turm wurde 1869 nach florentinischem Vorbild umgestaltet.

1254 wurde Sprottau am Bober durch Herzog Konrad II. von Glogau als deutsche Stadt gegründet. Sehenswert sind vor allem die katholische Pfarrkirche, 1260 erstmals erwähnt und 1416–24 zur dreischiffigen Hallenkirche erweitert (Abbildung rechts), und das Rathaus mit den beiden wuchtigen Türmen (links). Unten blicken wir auf eine Gesamtansicht der Stadt, die 1329 böhmisch, 1526 habsburgisch und 1742 preußisch wurde.

Schlesien – das Land der Schlösser. In keiner anderen deutschen Provinz finden wir eine derartige Fülle von Schlössern der verschiedensten Stilrichtungen. 1945 gingen unzählige Kunstwerke, Bibliotheken, Archive, Dokumente und historische Sammlungen verloren. Es gibt auch keine Erinnerungen mehr an die vielen Feste und glanzvollen Ereignisse, die sich hier abspielten.

Schloss Wartenberg im Kreis Groß-Wartenberg, Eigentümer waren die Prinzen Biron von Kurland. Nach mehreren Bränden war das Schloss 1848 neu gebaut worden (Bild oben).

Das Schloss Moschen mit seinen eigenwilligen Türmen und Türmchen ließ 1768 General von Knobelsdorff errichten (Mitte).

Diese Karte zeigt Schloss Brynneck im Kreis Tarnowitz. Sie ist in französisch geschrieben, beginnt mit „Chère Mademoiselle Walroff …" und wurde 1908 nach Schloss Kokoschütz (Kreis Rybnik) gesandt.

Das Schloss des
Fürsten von Hatz-
feldt, Herzog von
Trachenberg in
Trachenberg, brann-
te wie viele andere
Schlösser, in den
letzten Kriegstagen
aus. Der große Park
ist verwildert. Die
umfangreichen
Schlossanlagen
wurden zwischen
1683 und 1765
errichtet.

Das Königlich
Württembergische
Barockschloss zu
Carlsruhe wurde
1747 von Herzog
Carl Christian Erd-
mann von Würt-
temberg-Oels er-
baut. Im Theater
wirkte C. M. von
Weber 1806/07 als
Kapellmeister.

Ein unglaublich
massiver, gewalti-
ger Bau, Schloss
Fürstenstein, einst-
mals als Burg von
Herzog Bolko I. von
Schweidnitz erbaut.
Letzter Besitzer war
der Fürst von Pless.
Das Barockschloss
hatte 400 Zimmer.

Schloss Neudeck im Kreis Tarnowitz. Die großzügige Anlage wurde nach dem Vorbild von Versailles von Guido Graf Henckel von Donnersmarck in den Jahren 1869–75 neben dem alten Schloss erbaut.

In Kreis Namslau lag das verträumte Schloss Lorzendorf; auf dem Schlossteich fährt ein Kahn spazieren. Die Familie von Loesch, die im Jahre 1829 Lorzendorf den von Kalckreuthschen Erben abkaufte, hat das Schloss umbauen lassen.

Schloss Gurschen bei Schlichtingsheim im Kreis Fraustadt mit einer glanzvollen Fassade, die an ein italienisches Palazzo erinnert.

Fast eine Welt für sich war das riesige Barockschloss Slawentzitz im Kreis Cosel. Einst fanden hier glanzvolle Feste und Empfänge statt. Später war es Sitz der bekannten schlesischen Familie von Hohenlohe-Oehringen. Das alte Schloss wurde durch Blitzschlag vernichtet, der neue Komplex wurde 1830 errichtet und 1867/68 erweitert. 1936 wurden Ort und Schloss in Ehrenforst umbenannt. Geblieben ist aus dieser glanzvollen Zeit nur noch eine Schlossruine.

Schloss Koppitz (ab 1936 Schwarzengrund) bei Grottkau im englischen Tudorstil. 1864 ließ Graf Schaffgotsch dieses mehrflügelige Gebäude in einem Landschaftspark errichten.

Das Schloss Dyhernfurth wechselte früher öfters seine Besitzer. Die Gattin des schlesischen Ministers Graf von Hoym (eine geborene von Dyhern) ließ das Schloss 1730–85 durch C. G. Langhans im Stil der Neuromantik umbauen.

Marklissa am Queis, im Vordergrund eine neue Siedlung aus den 1930er Jahren. 1901–05 wurde hier am Oberlauf des Queis die erste schlesische Talsperre mit einer 45 m hohen Staumauer errichtet.

Lauban am Queis war im späten Mittelalter die Stadt der Tuchmacher und Leinenweber; daraus entwickelte sich dann im 19. Jh. die führende, weltweite Herstellung von täglich 400 000 Taschentüchern mit dem Slogan „Lauban putzt der ganzen Welt die Nase". Unser Bild zeigt den Marktplatz.
Bei Kriegsende stieß die sowjetische Armee hier auf besonders erbitterten deutschen Widerstand. Die Panzerschlacht bei Lauban vom 18. 2. bis 8. 3. 1945 war die letzte große Abwehrschlacht im Osten, bei der die Deutschen unter General Nehring bei hohen Verlusten auf beiden Seiten eine erfolgreiche Gegenoffensive durchführen konnten.
Dies erklärt auch die Frage, warum verschiedene Orte dieser Region wie Marklissa und Lauban erst nach der Kapitulation von den Russen besetzt wurden.

Die Weberstraße in Lauban führt an vielen Geschäften vorbei zum Rathaus.

Es gab in Schlesien viele Städte, die sich ihr einzigartiges Stadtbild bis 1945 bewahren konnten, dazu zählte auch Lauban. Die Brüderstraße mit Blick zum Rathaus ist hierfür ein gutes Beispiel.

Es konnte vorkommen, dass selbst Schlesier diese beiden Städte verwechselten, denn es gab ein Naumburg am Bober, und südlich gelegen, ein Naumburg am Queis; beide Orte werden hier gezeigt. Naumburg am Bober stellt sich mit der katholischen Kirche vor, es liegt gegenüber der Stadt Christianstadt (Ostbrandenburg).

Naumburg am Queis war wie Bunzlau eine „schlesische Töpferstadt"; sie wurde 1233 gegründet.

Die Kreisstadt Freystadt wurde um 1270 durch Herzog Heinrich von Glogau mit deutschem Recht gegründet. Sie ist eine der wenigen Städte in diesem Landesteil, die im Mittelalter eine doppelte Stadtmauer mit vier Stadttoren erhielt. Das Rathaus wurde 1848/49 im klassizistischen Stil erbaut und erfreute die Besucher durch von Zierpflanzen bewachsene Fassaden.

Die Kleinstadt Polkwitz im Kreis Glogau wurde wegen ihrer Vieh- und Pferdemärkte bekannt.

Das Bild oben zeigt die Lübener Straße, unten ist ein Teil des Marktes abgebildet. Links vor dem „Gasthof zum deutschen Hause", Inhaber Gustav Köhler, wartet eine Kutsche. Die Aufnahme entstand um 1908.

Bad Flinsberg am Queis zählt zu den gern besuchten Kurorten. Unter der tatkräftigen Förderung des Hauses Schaffgotsch entwickelte sich ab 1763 allmählich ein Kurbetrieb und beliebter Gesellschaftsmittelpunkt. Das Bild zeigt die Kurpromenade im Jahre 1938.

Schlesien, das ist auch das Land der Gebirge und Täler, Bauden und unzähliger Wanderwege. Wie hier im Isergebirge, im Sommer und Winter gleichermaßen beeindruckend: die 1058 m hoch gelegene Hochsteinbaude mit Rodelbahn (Bild rechts).
Links: Ein bekanntes Ausflugsziel war „Hirts Iserkammbaude."

Friedeberg am Queis galt als ein kleines, ruhiges Landstädtchen. Auf der Panorama-ansicht grüßen die barocke, evangelische Stadtpfarrkirche und in der Mitte des rechtecki-gen Rings wie gewohnt, das Rathaus mit hohem Turm (erbaut 1774).

Vom 9. bis 11. Juli 1921 fand hier ein Sängerfest des Niederschlesischen Sängerbundes statt; dazu erschien eine eigene Festpostkarte.
Links: Das Renaissanceschloss Klitschdorf mit großem Landbesitz war bis 1945 Eigentum der Grafen zu Solms-Tecklenburg. Unser Bild zeigt das Eingangsportal.

Der größte Truppenübungsplatz Schlesiens, Neuhammer südlich von Sagan am rechten Ufer des Queis, wurde 1898 angelegt, er hatte eine Fläche von 12 000 ha. Die Militärzeit war wohl nicht bei allen Soldaten besonders beliebt, und so liest man auf der linken Karte „Bloß schnell wieder raus aus dieser Sandwüste", rechts ist eine Abschiedsszene dargestellt und unten sieht man die neu errichteten Kasernengebäude. Eine Kompanie ist zum Appell angetreten, rechts stehen die Offiziere.

Eine märchenhaft schöne Stadtkulisse gab es in Haynau zu bewundern. Wir blicken auf den Ring, im Hintergrund steht der hohe, markante Turm der evangelischen Stadtpfarr-kirche (ehemals katholische Kirche), mit dessen Bau Anfang des 14. Jh. begonnen wurde. Eindrucksvoll besticht die Fassade mit dem Staffelgiebel; rechts erhebt sich der Weber-turm von 1400, der noch als ein Teil der Stadtmauer erhalten blieb.

Neusalz war eine reiche Stadt mit reger Industrie, davon zeugen auch die vornehmen Bürgerhäuser in der Bahnhofstraße.

Die Anfänge der Stadt lassen sich zurückverfolgen in das Jahr 1563, als hier an der Oder eine Salzsiederei für aus Westeuropa herangebrachtes Meersalz eingerichtet wurde. Ende des 19. Jh. siedelten sich eisenverarbeitende Unternehmen und Industriebetriebe an, eine Schiffswerft wurde gegründet. 1897 erfolgte ein moderner Ausbau des Hafens, der dessen Bedeutung weiter erhöhte.

Geschäftiges Treiben auf dem Markt in Neusalz.

Grünberg gilt als die schlesische Wein- und Winzerstadt. Bereits 1340 ist der Weinbau erstmals erwähnt, 1466 wurden Traminer-Reben aus Tirol eingeführt. 1826 eröffnete Grempler die erste deutsche Sektkellerei. Regelmäßig wurde eine Weinkönigin gewählt, viele Winzerfeste und gesellige Zusammenkünfte gehörten zum städtischen Leben. Daneben bestand auch eine bedeutende Eisen- und Maschinenbauindustrie.

Bild oben: Ein Blick auf den Ring, im Hintergrund der Turm der Pfarrkirche St. Hedwig, neu erbaut 1832. Mit dem Bau der Kirche wurde bereits 1372 begonnen.

Unten: Die Niedertorstraße führte zum Ring, rechts der Rathausturm.

Glogau, an einem günstigen Übergang über die Oder gegründet, wurde als „urbs Glogua" 1010 erstmalig erwähnt, sie erhielt 1253 die Stadtrechte. 1251 entstand das Herzogtum Glogau, 1652 wurde die Stadt zur Festung an der Oder ausgebaut. Der Universalgelehrte und schlesische Barockdichter Andreas Gryphius lebte hier von 1616–64.

Wahrzeichen der Stadt wurde der 80 m hohe Rathausturm von 1720 (Bild links). In Glogau gab es viele schöne Gebäude, ein eigenes Stadttheater und beeindruckende Denkmäler. Man kann sich nur schwer vorstellen, dass dessen großartige Vergangenheit Anfang April 1945 nahezu vollständig ausgelöscht wurde, als die Russen nach wochenlanger Belagerung am 1.4.1945 die zu 90 % zerstörte Stadt einnahmen. Hohe stolze Bürgerhäuser umsäumten einen Platz an der Hohenzollernstraße, der von einem Kriegerdenkmal für 1870/71 geschmückt wurde (unten).

Das Stadtpanorama von Glogau mit dem Schloss, im Vordergrund hat der Dampfer „Pomerania" angelegt.

Der Markt mit dem 1773/74 erbauten Stadttheater und mit dem Rathaus.

Der geschäftige Markt aus einem anderen Blickwinkel mit der Kupferschmiedstraße.

Glogau – auch die Preußische Straße führte zum Markt. Auf der Hauswand links lesen wir: „Likörfabrik Oskar Tscharnke", rechts wird auf eine Tankstelle hingewiesen.

Der Markt mit der Jesuitenkirche, erbaut 1696–1724 im Stil des italienischen Barock.

Gruß aus Milzig, Krs. Grünberg i. Schles.

Fähre

Ein Gruß aus Milzig an der Oder im Kreis Grünberg.

Das stattliche Rathaus aus der Mitte des 17. Jh. auf dem Ring in Wohlau.

Es gab nicht nur die große Kunst- und Kulturstadt Beuthen in Oberschlesien, es gab auch ein Beuthen an der Oder in Niederschlesien! Wir blicken auf den viereckigen Ring des kleinen Städtchens, er wird vom markanten Rathausturm geschmückt. Rechts im Bild erkennt man die 1907 erbaute Oderbrücke.

Friedrich der Große und Schlesien gehören zusammen, sie sind untrennbar miteinander verbunden. Ohne Schlesien wäre Friedrich der Große nicht so vorstellbar, wie wir ihn heute kennen, denn die Schlachten um Schlesien haben ihn geprägt und geformt, die persönlichen Erlebnisse haben ihn reifen lassen zu der großen, oft auch widersprüchlichen Persönlichkeit, die er ausstrahlte.

Als 28-jähriger kam der Hohenzoller als Friedrich II. 1740 auf den Thron und zog schon im gleichen Jahr in den Krieg, um Maria Theresia das kostbare Juwel Schlesien abzunehmen.

Das einzige Reiterstandbild Oberschlesiens war Friedrich dem Großen gewidmet und verschönerte den Platz vor der Mädchen-Oberrealschule in Beuthen. Den Entwurf des Denkmals verdanken wir Louis Tuaillon, es wurde am 26. November 1910 feierlich enthüllt, die Gesamthöhe betrug 7,5 m, das bronzene Reiterstandbild war 4,68 m hoch. Es stand, wie Augenzeugen berichten, noch Anfang Frühjahr 1945 unversehrt; hier verlieren sich die Spuren, es wurde vermutlich von polnischen Behörden zerstört.

Vor dem Brieger Rathaus erinnerte ein 1878 enthülltes, von zwei Kanonen umgebenes Standbild an den „Großen König".

Brieg    Denkmal Friedrich des Grossen mit erbeuteten Geschützen des Inf. Regt. 157

Natürlich haben die Schlesier ihrem gelieb-
ten König Denkmäler gesetzt, beein-
druckend waren vor allem die beiden
Reiterstandbilder in Beuthen und Breslau.
Standbilder wurden geschaffen in Brieg,
Bad Carlsruhe, Glogau, Liegnitz, Klein-
Schnellendorf, Neisse (in der Kriegs-
schule), Oppeln und in Schweidnitz.
Daneben gab es auf den verschiedenen
Schlachtfeldern Siegessäulen und Obelis-
ken.

Eine Besonderheit war der Obelisk im
Stadtpark von Tarnowitz. Oberhalb Hirsch-
bergs stand ein kleiner antiker Tempel zu
Ehren des Alten Fritz.
Auf dieser Seite sehen wir das Reiterstand-
bild auf dem Breslauer Ring sowie die
Standbilder in Glogau und Liegnitz.

Fraustadt hatte ursprünglich zu der Provinz Posen gehört, kam dann nach dem Ersten Weltkrieg zur neu geschaffenen Provinz „Grenzmark Posen-Westpreußen" und wurde 1938 an Schlesien angegliedert. Der 1273 gegründete Grenzort, ehemals „Frowenstat", wurde 1349 zur Stadt erhoben und war durch das Tuchmachergewerbe, sowie durch Ziegeleien und Bauindustrie bekannt. Fraustadt wurde während der Gegenreformation auch zu einem Zentrum lutherischen Glaubenslebens.

Blick auf den Steinweg, der zum Ring führt (Bild oben). Unten sehen wir die Stadt auf einer Fliegeraufnahme, im Vordergrund die katholische Pfarrkirche.

Ebenfalls im Norden Schlesiens, östlich von Fraustadt, liegt Guhrau. Früher prägten Windmühlen Stadt und Land. Bekanntes Wahrzeichen der Stadt ist die hoch aufragende katholische Pfarrkirche mit den beiden Ecktürmen (erbaut im 15./16. Jh.), die auch durch ihren Hochaltar berühmt wurde (rechtes Bild). Links die evangelische Kirche und unten ein Stadtpanorama.

Köben an der Oder
finden wir bereits
1303 als Stadt
erwähnt. Wir fahren
weiter oderauf-
wärts, an der katho-
lischen Kirche vor-
bei. Auf den beiden
kleinen Ansichten
ist der Ring festge-
halten.

Gruss aus Köben a. O.        Oderpartie

Oberer Ring            Ring, Ostseite mit kath. Kirche

Der folgende
Binnenhafen ist
Steinau an der Oder,
wir blicken auf die
Hafeneinfahrt.
Unser nächstes
Anlegeziel ist …

Maltsch an der Oder. Entscheidender Wirtschaftsfaktor des Ortes war der Umschlaghafen für Kohle, Granit und Landwirtschaftserzeugnisse.

Steinau hatte 1939 rund 6500 Einwohner; die Stadt wurde um 1248 an einem wichtigen Oderübergang gegründet. Sie erhielt durch den Bau der Oderbrücke und den Ausbau des Hafens Ende des 19. Jh. eine steigende wirtschaftliche Bedeutung.
Ende Januar / Anfang Februar 1945 kam es hier zu schweren Kämpfen, nachdem die Russen am 28. Januar einen weiteren Brückenkopf gebildet hatten; dabei wurde die Stadt zum großen Teil zerstört. (Der erste Oderübergang wurde bei Brieg erobert.)
Unten sehen wir den Ring des einstmals schmucken Städtchens. Vielleicht erinnern sich manche Einwohner noch an die Drogerie „Schluckwerder"? Daneben lag das Hotel „Deutsches Haus".

39

Schlesien – das Land unzähliger romantischer Burgen. Dazu zählt auch die Gröditzburg zwischen Bunzlau und Liegnitz mit ihren altertümlichen, massiven Mauern und wuchtigen Türmen. Einst hatte hier auf einem 389 m hohen Basaltkegel eine slawische Burg gestanden. Im 15. Jh. wurde dann an dieser Stelle die Gröditzburg gebaut, durch die Wallensteinschen Truppen zerstört und 1906 wieder neu errichtet.

Herrnstadt im Kreis Guhrau, 1290 als Stadt gegründet, wurde im Laufe seiner Geschichte wiederholt durch Kriegshandlungen und Brände zerstört. Das Foto erinnert an die Lange Straße, die zum Markt führte; rechts das Hotel zur Sonne.

Lüben liegt am Ostrand der niederschlesischen Heide und wurde 1329 böhmisch, 1526 habsburgisch und 1742 preußisch. Zu besichtigen sind Reste der Stadtmauer und der malerische, teilweise durch Laubenhäuser gesäumte Ring.

Links oben sehen wir das Rathaus, rechts ein Bild aus alten Zeiten – eine Eskadron reitet über den Markt. Das Geschehen gehörte anscheinend zum Alltag, denn nur ein einziger Mann, der ganz rechts vor dem Geschäft J. Hinderlich steht, schaut zu!

Lüben i. Schles. Laubengang am Ring

Bunzlau ist als die schlesische Keramik- und Töpferstadt weit über die Grenzen Schlesiens hinaus bekannt. Schon seit dem 16. Jh. bestand hier eine Töpferzunft, die auf die genaue Einhaltung aller Regeln achtete. Die Bunzlauer Tonwaren werden bei 1340 °C gebrannt und sind deshalb besonders haltbar.

Bunzlau entstand an einer wichtigen mittelalterlichen Fernhandelsstraße und wurde durch Herzog Heinrich I. von Schlesien 1233 zur Stadt erhoben. Die drei Stadtansichten zeigen die Zollstraße, die Nikolaistraße und die Oberstraße.

In Bunzlau wurde der berühmte Dichter Martin Opitz (1597–1639) geboren, der die Grundlagen für die deutsche Verslehre und Lyrik geschaffen hat.

Bunzlau,
Gesamtansicht.

Blick über das alte Bunzlau mit dem Rathaus von 1535, in der Ferne erkennt man den
Boberviadukt.

Vielleicht ist dieses Bild noch das einzig erhalten gebliebene Foto vom „Gasthof zur
Germania" kurz vor Waldau an der Fernverkehrsstraße 115 Görlitz - Bunzlau - Liegnitz
um 1930. Auf dem Verkehrsschild links an der Straßenkreuzung ist zu lesen: Görlitz
23 km, Waldau 1 km, Naumburg 10 km, Liegnitz 66 km, Bunzlau 20 km. Wer von den
Lesern dieses Buches kann sich noch an diesen Landgasthof bei Waldau erinnern?

Bismarckturm auf der hohen Eule

Ein beliebtes Ausflugsziel, das eine weite Aussicht bietet, ist der runde, 25 m hohe Bismarckturm auf der Hohen Eule im Eulengebirge.

Der Bismarckturm bei Ratibor zählte zu den drei großen Monumenten, die dem bedeutenden Staatsmann in Oberschlesien gewidmet wurden.

An der Dreikaiserreichsecke bei Myslowitz in Oberschlesien erhob sich ein 22 m hoher Bismarckturm aus Granit und Sandstein, gekrönt von einer 16-teiligen Feuerschale, erbaut 1907, zerstört um 1920.

BISMARCKTURM bei MYSLOWITZ

Myslowitz, O.-S.    Dreikaiserreichsecke.

In Schlesien entstanden insgesamt 13 Bismarcktürme oder -säulen, in Fraustadt, Glogau, Görlitz, Gottesberg, Grünberg, Kattowitz, bei Langenbielau (Hohe Eule), Myslowitz, Ober-Johnsdorf, Ratibor, Sagan, Stonsdorf und Zobten, von denen erstaunlicherweise noch 6 erhalten geblieben sind, nämlich diejenigen in Görlitz, Grünberg, bei Langenbielau, Ober-Johnsdorf, Sagan und Zobten.

Landeskrone b. Görlitz, 422 m ü. M.
Bismarcksäule

Kattowitz                    Bismarckturm

Die Handschrift ihres berühmten Architekten Wilhelm Kreis verraten deutlich die Bismarcktürme in Fraustadt, Glogau, Görlitz, Myslowitz und im Zobten. Die typischen Charakteristika dieser wuchtigen Türme: Mehrere abgestufte Basis-Fundamente, darauf vier angedeutete, durch Mauerwerk verbundene Rundsäulen, anschließend wieder verschiedene Segmente mit breiter Aussichtsterrasse und Feuerschale.

Auf dieser Seite sind abgebildet: Die Bismarcksäulen auf der Landeskrone bei Görlitz, auf dem Mittelberg im Zobten und der 20 m hohe Turm in Kattowitz. Die am 9.6.1922 abgestempelte Karte zeigt die eigenen Briefmarken dieses einstigen Abstimmungsgebietes.

Margareten Tag in LIEGNITZ

Margareten Post-Karten

Mit klingendem Spiel marschiert eine lange
Kolonne von Soldaten durch die Wörth-
Straße in Liegnitz um 1910.

Abbildung linke Seite: Vor dem hoch aufragenden Piastenschloss wird der Margare-
tentag gefeiert.

Das Piastenschloss wurde um 1530 im Stil
der Renaissance umgebaut und ist ein
Wahrzeichen der Stadt; es war Sitz der
Herzöge, die hier von 1241–1675 residier-
ten. Links der Hedwigsturm, daneben der
Petersturm.

Viele Straßen führten in das Stadtzentrum von Liegnitz, hier die Frauenstraße mit „Tante-
Emma-Läden", in denen das Einkaufen wohl mehr Spaß machte als heutzutage.

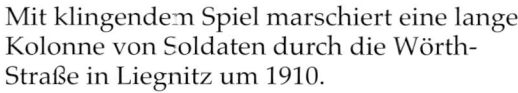

Liegnitz erhielt 1250 die Stadtrechte und war eine fröhliche, lebenslustige Stadt mit einer reichhaltigen Vergangenheit; mit Piastenschloss, prachtvollen Bauten, Barockkirchen, vielen Parks und einem großen Palmengarten; sie galt auch als die „Gartenstadt Schlesiens". Die erste Ansiedlung war 1241 beim Einfall der Mongolen (Schlacht bei Wahlstatt) zerstört worden.

Auf der Goldberger Straße fährt eine Straßenbahn in Richtung Friedrichsplatz, im Hintergrund die beiden Türme der Peter-Paul-Kirche.

Am Friedrichsplatz besichtigen wir die gotische Peter-Paul-Kirche mit ihren beiden schlanken, 80 m hohen Türmen. Sie entstand im 14. Jh. und war wegen ihrer reichhaltigen, inneren Ausstattung berühmt.

Liegnitz hat auch ein eigenes Stadttheater, das 1842 nach Plänen von Carl Ferdinand Langhans erbaut wurde; Pferdedroschken warten auf Fahrgäste.

Blick auf die Haynauer Straße mit einer mächtigen Kulisse.

Rund 6 Stunden fuhr man im Jahre 1935 mit dem D-Zug von Liegnitz nach Beuthen/O.S. Der interessante Fahrplan der Deutschen Reichsbahn zeigt die Streckenführung.

| 82 H | 152 R | Zug Nr | 52 H | 182 R |
|---|---|---|---|---|
| 13.54 | 15.57 | ab **Liegnitz** 42. 43. 44. 53 ...... an | 15.33 | 22.09 |
| 14.19 | 16.22 | Jauer ............... | 15.14 | 21.50 |
| 14.36 | 16.39 | Striegau ............. | 14.59 | 21.35 |
| 14.48 | 16.51 | Königszelt ......... }56 | 14.48 | 21.24 |
| 15.07 | 17.05 | Schweidnitz Hbf .... } | 14.37 | 21.12 |
|  | 17.11 | Kroischwitz ......... | 14.30 |  |
| 15.26 | 17.27 | Reichenbach (Eulengeb) ...... | 14.17 | 20.53 |
| 15.43 | 17.44 | Gnadenfrei .......... | 14.03 | 20.37 |
| 15.57 | 17.57 | Frankenstein (Schles) ....... | 13.48 | 20.21 |
| 16.09 | 18.13 | **Kamenz** (Schles) ......... | 13.36 | 20.08 |
| 16.21 | 18.25 | Patschkau ........... | 13.21 | 19.49 |
| 16.32 | 18.36 | Ottmachau ........... | 13.09 | 19.37 |
| 16.56 | 19.05 | Neisse 57 ........... | 12.49 | 19.17 |
| 17.16 | 19.27 | Deutsch Wette ....... | 12.31 | 18.54 |
| 17.28 |  | Schnellewalde ....... |  | 18.42 |
| 17.39 | 19.46 | Neustadt (Oberschles) ...... | 12.12 | 18.31 |
| 17.54 | 20.01 | Deutsch Rasselwitz ........ | 11.54 | 18.09 |
| 18.04 | 20.13 | Oberglogau .......... | 11.40 | 17.55 |
| 18.16 |  | Hartenau ............ |  | 17.43 |
| 18.29 | 20.35 | Cosel .............. | 11.17 | 17.30 |
| 18.40 | 20.45 | Heydebreck (Oberschles) .... | 11.07 | 17.18 |
| 18.51 |  | Ehrenforst .......... |  | 17.03 |
| 19.00 |  | Rudgershagen ........ |  | 16.54 |
| 19.09 |  | Vatershausen ........ |  | 16.44 |
| 19.18 |  | Laband ............ }53 |  | 16.33 |
| 19.28 | 21.21 | **Gleiwitz** Hbf 44 ........ | 16.29 | 16.25 |
| 19.42 | an | Hindenburg-Ludwigsglück ... |  | 16.12 |
| 19.49 |  | Borsigwerk .......... |  | 16.06 |
| 19.55 |  | Bobrek ............. |  | 16.01 |
| 20.00 |  | an **Beuthen** (Oberschles) ...... ab |  | 15.55 |

Wir fahren weiter nach Goldberg am rechten Hochufer der Katzbach. Im 13. Jh. erfolgte hier der Abbau von Gold, das aus dem Flusssand herausgewaschen wurde, daher der ungewohnte Stadtname. Im 19. Jh. wurde Goldberg eine rege Industriestadt, dazu entstand ein bekanntes Tuch- und Hutmachergewerbe. Wir bewundern das Stadtpanorama und beobachten einen Markttag am Niederring in Goldberg.

In Löwenberg, einem altertümlichen Städtchen am Bober (gegründet 1217), sind die Stadtmauer und die Stadttore noch teilweise erhalten. Der Markt lädt zu einem Spaziergang ein.

In vielen schlesischen Städten traf man
auf altehrwürdige Rathäuser mit hohen
Türmen, die das Stadtbild prägten, so in
Jauer, Friedeberg am Queis, Glogau,
Bunzlau, Greiffenberg, Hirschberg,
Frankenstein, Ohlau, Namslau, Leob-
schütz, Cosel und Neisse.

Sehenswert in Löwenberg ist vor allem das
Rathaus, erbaut zwischen 1522 und 1546,
mit seinem hohen, markanten Turm.
Rechts oben beeindruckt der Bunzlauer
Torturm, und unten sehen wir das Rathaus
mit den Markthallen.

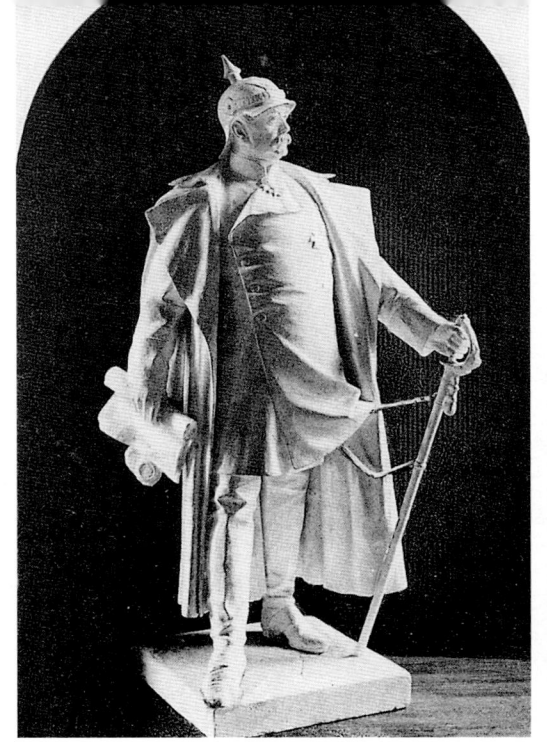 

Bismarck-Standbilder in Waldenburg (Modell), Breslau und in Brieg.

In Schlesien wurden insgesamt 6 Bismarck-Standbilder errichtet, die hier alle abgebildet sind; auf dieser Seite in Kreuzburg, Oels und Schweidnitz.
Eine Bismarckfigur schmückte seitlich das Reiterstandbild Kaiser Wilhelms I. in Görlitz.
Im Stadtpark von Beuthen O.S. befand sich eine Bismarck-Gedenkanlage und in Bismarckhütte stand ein großes Büstendenkmal.

Liebenthal liegt 15 km südlich von Löwenberg im Isergebirgsvorland. Der Grundriss zeigt eine ovale Stadtanlage mit lang gestrecktem Marktplatz, der von Laubenhäusern gesäumt wird. 1278 wurde hier ein Benediktinerinnenkloster gegründet. Die Fernverkehrsstraße Greiffenberg - Löwenberg führt geradeaus durch Liebenthal, auch über den Markt; in der Mitte steht das Rathaus.

Greiffenberg wurde 1297 als „Gryphenberck" erstmals erwähnt und erhielt 1354 das Magdeburger Stadtrecht. Wirtschaftsgrundlagen der Stadt waren die Textilindustrie und eine größere Bekleidungsfabrik. Für Kunsthistoriker unbedingt sehenswert ist das eindrucksvolle Schaffgotsch-Epitaph (1584) in der katholischen Pfarrkirche, das sich bis heute erhalten hat.
Oben: Auf der Bahnhofstraße fahren die ersten Automobile und die Frauen schützen sich an den heißen Tagen mit Sonnenschirmen. Links beeindruckt der hohe Turm des Rathauses und im Bild unten gibt die Hirschberger Straße den Blick frei auf Greiffenberg.

In Schlesien gab es
im Jahre 1910 Kaser-
nen in:
Bernstadt, Beuthen
O.S., Breslau, Brieg,
Cosel, Frankenstein,
Glatz, Gleiwitz,
Glogau, Görlitz,
Grottkau, Haynau,
Hirschberg, Jauer,
Kreuzburg, Lauban,
Leobschütz, Lieg-
nitz, Lüben, Mi-
litsch, Namslau,
Neisse, Neustadt,
Oberglogau, Oels,
Ohlau, Oppeln,
Ratibor, Sagan,
Schweidnitz,
Sprottau, Striegau,
Wahlstatt, Wohlau.
Der größte Trup-
penübungsplatz
Schlesiens befand
sich in Neuham-
mer/Queis, ein klei-
nerer in Lamsdorf
O.S.
Kriegsschulen wur-
den in Glogau und
in Neisse eingerich-
tet.

Diese Seite: Sprot-
tau (Ansicht von
1940), Liegnitz (2
Abbildungen).

Linke Seite: Oppeln,
Sagan, Schweidnitz.

Das Reiterstandbild für Kaiser Wilhelm I.
in Liegnitz wurde von dem Bildhauer Johannes Böse, einem geborenen Liegnitzer,
geschaffen und am 4. August 1898 enthüllt.
Die anderen beiden Abbildungen zeigen
die Standbilder in Brieg und Friedeberg am
Queis.

# Kaiserdenkmäler in Schlesien

Seit den Tagen Friedrichs des Großen, als dieser preußische König Schlesien eroberte und prägte, war die Verehrung des Hauses Hohenzollern in der Bevölkerung groß. Bismarck gelang es den heimlichen Wunsch der Deutschen nach der lang ersehnten Einheit zu erfüllen und mit der Schaffung des Deutschen Reiches 1871 stand als dessen Symbolfigur Kaiser Wilhelm I. an der Spitze. Sein Tod löste 1888 – im Dreikaiserjahr (siehe auch Seite 82) – große Trauer aus und in vielen Orten entstand der Wunsch, ihm als Zeichen der Verbundenheit ein Denkmal zu setzen.

In Schlesien wurden für Kaiser Wilhelm I. vier große Reiterstandbilder geschaffen, in Breslau, Glogau, Görlitz, Liegnitz und Standbilder in Bauerwitz, Brieg, Friedeberg am Queis, Glatz, Goldberg, Grottkau, Grünberg, Lauban, Lüben, Myslowitz, Neurode, Neustadt, Niesky, Oppeln, Schönberg, Strehlen, Striegau, Tarnowitz und Waldenburg.

Als besonderes Kleinod galten die so genannten Zweikaiser-Denkmäler (sie zeigen die beiden Kaiser Wilhelm I. und Friedrich III. zusammenstehend auf einem Sockel) in Kattowitz, Weißwasser und in der Oberlausitzer Gedenkhalle (Ruhmeshalle) in Görlitz. In Bad Ziegenhals befand sich eine mit vielen Insignien verzierte Gedenksäule mit den beiden Kaisermedaillons.

Daneben sind auch vereinzelt Büstendenkmäler dieses Monarchen (u.a. in Bad Landeck, Bismarckhütte, Ruda, Trachenberg) sowie Obelisken in Bad Reinerz und Wünschelberg bekannt geworden.

Das Monument in Görlitz hatte die beachtliche Höhe von 8,5 m, die beiden seitlichen Längsseiten des Sockels waren durch lebensgroße Bronzestandbilder Bismarcks und Moltkes geschmückt, es wurde 1898 durch J. Pfuhl geschaffen.

Denkmal
„Kaiser Wilhelm des Grossen"
in Lüben i/Schlesien

Auf diesen beiden Seiten sind Denkmäler Kaiser Wilhelms I. abgebildet.

Linke Seite von oben nach unten:
Friedeberg am Queis, enthüllt 1911, von Goerling;
Lüben, enthüllt 1901, von Jahn;
Kattowitz (Zweikaiser-Denkmal), enthüllt 1898, von Goerling.

Rechte Seite von oben nach unten:
Myslowitz, enthüllt 1902, von Freese;
Neurode, enthüllt 1907, von Prof. Seger;
Grünberg, enthüllt 1894, von Bärwald.

Hirschberg im Riesengebirge hat sein Aussehen kaum verändert, es blieb 1945 weitgehend unzerstört. Mittelpunkt der 1281 gegründeten Stadt ist nach wie vor der Ring, der von hohen Barockhäusern mit Laubengängen umgeben ist. Kunsthistorisch besonders wertvoll ist die Anfang des 18. Jh. errichtete evangelische barocke Gnadenkirche mit dem Barockfriedhof (Bild links). Der hoch aufragende Rathausturm in der Mitte des Rings wurde 1749 erbaut.

Als Grundlagen des Reichtums der Stadt galten die Leinenerzeugung und Textilindustrie. 1897 erhielt Hirschberg eine Straßenbahn, die dann über Bad Warmbrunn hinaus bis ins Gebirge verlängert wurde. Hirschberg bot ein reichhaltiges, kulturelles Angebot mit eigenem Theater. Daneben war Hirschberg auch eine bedeutende Garnisonsstadt; die „Hirschberger Jäger" in der Jägerkaserne hatten eine große militärische Tradition.

Urlaub im Riesengebirge ist immer ein besonderes Erlebnis – im Sommer oder im Winter. Man wandert von Baude zu Baude (im Bild die Neue Schlesische Baude), erklimmt den steilen Zickzackweg zur Schneekoppe, man betrachtet diesen Berg von ganz unten, vom Teich der „Großen Schneegrube" aus …

Wie... ...wassergrund ...aude 1410 m.

... oder man hält mit Skifahrern eine Rast im Weißwassergrund an der Wiesenbaude (Foto von 1930), man genießt den Blick von Krummhübel auf den weiten, hohen Riesengebirgskamm oder man geht einfach im tief verschneiten Wald spazieren!

Die 1365 m hohe Reifträgerbaude sieht im Winterkleid aus wie in einem Märchen.

Kommen Sie mit zu einer Fahrt durch das Riesengebirge! Wir befinden uns gerade „Am Raschkenhäuser" und fahren in Richtung Prinz-Heinrich-Baude.

Unvergessliche
Eindrücke – hier der
Blick auf das
Genesungsheim in
Saalberg in einer
stillen, verzauberten
Landschaft.

Aufstieg zur 1605 m
hohen Schnee-
koppe, im Vorder-
grund die Riesen-
baude.

Vor uns liegt die
Neue Schlesische
Baude vor einem
leicht ansteigenden
Bergpanorama.

Viele Schlesier verbrachten ihren Urlaub in Brückenberg, um Ausflüge ins Riesengebirge zu unternehmen, auch die berühmte norwegische Stabholzkirche Wang ist nicht weit.

Jedem Riesengebirgsbesucher war die mächtige Teichmannbaude in Krummhübel bekannt, und so sah ein Zweibettzimmer in der Teichmannbaude aus – das Foto stammt von 1932.

Zu den klassischen Fremdenverkehrs-zentren im Riesen-gebirge gehört auch Schreiberhau, ein gepflegter Kurort mit langer Tradition und vielen Hotels, 8 km von Hirsch-berg entfernt. Der 20 km lange Ort besteht aus Nieder-, Mittel- und Ober-Schreiberhau. Wir blicken auf die Hauptstraße, im Hintergrund die Schneegruben.

Glückliche junge Leute in ihrer schö-nen schlesischen Tracht.

Wir halten an der neu erbauten Sude-tenstraße. Tief unter uns im Tal liegt Ober-Schreiberhau, wir genießen nach allen Seiten einen herrlichen Rund-blick …

Ober-Schreiberhau i. Riesengeb.
Sudetenstraße mit Blick zum Hochgebirge

Wir fahren um 1910 durch Ober-Schreiberhau, rechts das Kaiserliche Postamt, wo vielleicht diese Postkarte aufgegeben wurde.

In den 1930er Jahren fuhren eigene Urlaubssonderzüge von Dresden nach Schreiberhau. Auf dem Königsplatz im verschneiten Ober-Schreiberhau warten Pferdeschlitten auf Gäste.

Die bunte Märchen- und Zauberwelt rund um die Schneekoppe.

Wir fahren mit der Weistritztalbahn immer tiefer in das Gebirge, rechts grüßen Kynau mit der Kynsburg, und kaum zu glauben: In einem alten Reiseführer lag noch eine Fahrkarte Kynau Tannhausen-Charlottenbrunn mit den Angaben: 3. Kl., 0,30 RM, 7 km, ausgestellt am 26.7.1944.

Eine elegante Welt mit Kurtheater und Galerie, ein großes Schloss (errichtet von 1784–99, Besitz der Familie von Schaffgotsch) in dem die bekannten Schlosskonzerte stattfanden, Kurhaus, Hotels, großzügige Kuranlagen mit Fontänen – so könnte man das 7 km südwestlich von Hirschberg gelegene Bad Warmbrunn charakterisieren. Mit der Straßenbahn, der Hirschberger Thalbahn, war man schnell in der Kurstadt, man konnte weiterfahren nach Hermsdorf (Kynast) oder Giersdorf, bis tief ins Riesengebirge.

Bild oben: Der Schlossplatz mit Straßenbahn, links das Schloss in Bad Warmbrunn.

Bild Mitte: Vor dem Kurtheater treffen sich die Besucher.

In den weiträumigen Kuranlagen und Baumalleen promenieren die Kurgäste (um 1910) in dem ältesten schlesischen Heilbad.

„Sehen und gesehen werden", in den Wandelhallen der großen Kurbäder. Schicke Garderobe, elegante Hüte, Nachmittagskaffee und gepflegte Konversation, das gehörte zum „Pflichtprogramm" der Kurgäste, hier konnte man das Leben in herrlicher Umgebung so richtig genießen.
Das Bild oben zeigt die Wandelhalle in Bad Reinerz (eröffnet 1911), unten in Bad Salzbrunn.

Bad Salzbrunn
Inneres der Wandelhalle.

Nicht weit entfernt liegt Bad Altheide, das ebenfalls wegen seiner stark kohlensäurehalti-
gen Quellen berühmt wurde. „Entdecker" dieses Bades war der Breslauer Geschäftsmann
Haase, der es 1904 kaufte und förderte. Mittelpunkt des Ortes ist das aufwendige Kurhaus mit Kurpark und Wasserfontäne.

Hier in Krummhübel, tief im Riesengebirge und bereits nahe der böhmischen Grenze, ist
die Heimat von Rübezahl. - Im Bild das alteingesessene Grandhotel „Goldener Frieden",
dessen stolzer Besitzer Wilhelm Schier war.

Im Waldenburger Bergland liegt Bad Salzbrunn, das 1931 zum Staatsbad ernannt wurde. Der 1221 erstmals als „Salczborn" erwähnte Ort wurde Anfang des 19. Jh. durch seine Heilquellen und durch das Salzbrunner Wasser bekannt. Kuranlagen, Badehäuser und gepflegte Hotels entstanden in dem Bad, das bis 1931 dem Fürsten von Pless gehörte. In einem Sonderbefehl der polnischen Regierung wurde die gesamte deutsche Bevölkerung unter Strafandrohung gezwungen, ihren Heimatort am 14. Juli 1945 zwischen 6 und 9 Uhr morgens zu Fuß mit höchstens 20 kg Reisegepäck zu verlassen.
Oben: Eine Erinnerung an schöne Zeiten: Das neu erbaute Badehaus.
Unten: Das Kurleben im Park vor dem Kurhaus Bad Salzbrunn.

Liebau i. Schl.

Riesengebirge.
RESTAURATION ZUM MOLTKE-FELSEN, SEEHÖHE 686 M.
MOLTKE-DENKMAL.

Bahnhof

Südlich von Landeshut besuchen wir die Stadt Liebau. Sie wurde 1290 an einer Passstraße durch Herzog Bolko I. von Löwenberg-Jauer gegründet und war die Stadt der Leineweber.

In Nieder-Schreiberhau stand ein viel besuchtes Moltke-Denkmal, daneben lag eine Restauration. Moltke-Denkmäler (Standbilder) gab es noch in Breslau und Schweidnitz. Ein Moltke-Turm stand bei Schlegel (Grafschaft Glatz).

Täglich, wenn der Schriftsteller Gerhart Hauptmann spazieren ging, sah er dieses liebliche Panorama seines Heimatdorfes Agnetendorf. Der Ort wurde 1654 von böhmischen Protestanten gegründet. Das 1900 erbaute Wohnhaus Hauptmanns (er lebte von 1862–1946), Haus Wiesenstein, im oberen Teil des Dorfes ist unverändert erhalten geblieben und heute Gedenkstätte.

Die Friedrichstraße in Schmiedeberg im Riesengebirge. Im Hintergrund grüßt die alte katholische Pfarrkirche.
Schmiedeberg war einst eine Bergbaustadt und entwickelte sich dann im 18. Jh. zu einer bedeutenden Leinenhandelsstadt.

Unvergessen für Bahnreisende blieb der große Eisenbahn-Viadukt in Ober-Schmiedeberg. Von hier aus bot sich eine herrliche Aussicht auf die Gebirgslandschaft.

Schmiedeberg i. Rsgb.
Der Eisenbahn-Viadukt in Ober-Schmiedeberg.

Nachfolgend ist eine Auswahl schlesischer Bahnhöfe abgebildet: Modern und großzügig erscheint der 1929 eingeweihte neue Bahnhof in Liegnitz. Die Bahnlinie Liegnitz – Breslau wurde bereits 1844, Liegnitz – Bunzlau 1845 eröffnet.

Kandrzin O.S., 1934 in Heydebreck umbenannt. Damals um die Jahrhundertwende wurden noch viele Reisende mit der Pferdekutsche abgeholt.

Der Bahnhof von Marklissa am Queis. Fahrgäste erwarten die Einfahrt des Zuges.

Der Bahnhof Keilendorf an der Strecke Bad Reinerz - Bad Kudowa mit einer alten Dampflok.

Der von 1899–1904 im neogotischen Stil umgebaute und durch viele Erker und Türmchen gegliederte Hauptbahnhof in Breslau war der wichtigste Eisenbahnkreuzungspunkt Schlesiens.

Großstädtisch wirkt der Bahnhof in Kattowitz, der sehr an ähnliche Bahnhöfe in anderen deutschen Städten erinnert.

Gruss vom Hauptbahnhof Breslau

Alle großen Bahnhöfe ziehen die Leute irgendwie magisch an, es gibt immer etwas Neues zu entdecken. Hier eine Innenaufnahme des Breslauer Hauptbahnhofes um 1912; diese Verkehrshalle war 200 m lang.

Vor dem 1901 eröffneten neuen Bahnhof in Oppeln befand sich eine Parkanlage mit einem Bismarckstein (links im Bild). 1843 entstand die Verbindung Breslau - Oppeln, die 1846 bis Myslowitz verlängert wurde; es folgte 1858 Oppeln - Tarnowitz, 1875 Oppeln - Groß Strehlitz - Gleiwitz und 1898 Oppeln - Kreuzburg - Posen.

Diese Ansicht zeigt den Bahnhof in Ober-Schreiberhau um 1912.

Ganz links kann man auf den Schildern lesen „Wohlau" und darunter „Richtung Breslau". Auf dem Bahnhof in Wohlau ist nur das Bahnpersonal zu sehen.

Der Bahnhof in Pless noch zu deutscher Zeit um 1910.

Auch für den 99-Tage-Kaiser Friedrich III., der im Dreikaiserjahr 1888 starb, wurden in Schlesien viele Denkmäler errichtet, wie hier in Neisse, Oels und Arnsdorf im Riesengebirge. Auf der Karte ist zu lesen, dass dieses Monument in Arnsdorf das erste Denkmal im Deutschen Reich war, das diesem Kaiser gewidmet wurde (eingeweiht 1889).

Hier sind die Denkmäler für Kaiser Friedrich III. in Bad Charlottenbrunn, Striegau (rechts) und in Waldenburg zu sehen. Daneben seien noch dessen weitere Denkmäler genannt: Das Reiterstandbild in Breslau und Standbilder in Görlitz-Biesnitz, Myslowitz, Sagan, Trebnitz und ein hoher Obelisk in Schreiberhau. Zweikaiser-Denkmäler (d.h. für Kaiser Wilhelm I. und Friedrich III. gemeinsam) standen in Kattowitz, Weißwasser, in der Görlitzer Ruhmeshalle sowie in Bad Ziegenhals.

Waldenburg i. Schl.
Markt mit Kaiser Friedrich-Denkmal

Hoch über Bolkenhain thront die Bolkoburg, die einst beim Mongoleneinfall 1241 niedergebrannt und anschließend wieder aufgebaut wurde.

Das malerische Bolkenhain am nördlichen Abhang des Riesengebirges entwickelte sich zu einem beliebten Touristenzentrum, in dessen Umgebung es viele sagenumwobene Burgen zu besichtigen gab. Bolkenhain wurde vor 1241 gegründet und erhielt seinen Namen zur Erinnerung an Herzog Bolko I. von Jauer-Löwenberg, der Stadt und Burg großzügig förderte. Sehenswert in Bolkenhain sind vor allem die Laubengänge mit den Freitreppen.

KYNSBURG (450 m ü. M.) Burghof.

Die Kynsburg auf einem Burgberg hoch über dem Tal der Weistritz wurde 1315 erstmals erwähnt. Der Sage nach soll hier ein Goldschatz vergraben worden sein, der jedoch nie gefunden wurde. Letzte Besitzer der Burg waren bis 1945 die Freiherren von Zedlitz, die hier ein Museum einrichteten (siehe auch Seite 71 unten).
Die Bilder zeigen oben den Eingang im Burghof, unten sehen wir die Vorhalle der Burg mit alten Ritterrüstungen.

Schlesiertal Kynsburg Vorhalle.

Auf steiler Berghöhe über dem Höllengrund, 8 km südlich von Hirschberg, liegt die sagenumwobene Burg Kynast, von der schon seit Generationen folgende Begebenheit berichtet wird: Die schöne und stolze Kunigunde, Erbin der Burg, wollte nur den Ritter zum Mann nehmen, der mit seinem Pferd die hohen Burgzinnen umrundete. Viele Bewerber stürzten bei diesem Ritt zu Tode.

Der Ritter jedoch, dem endlich dieses Kunststück gelang, verschmähte die Liebe der Kunigunde. Daraufhin stürzte sich diese, tief enttäuscht, von der Burg in den Abgrund. Die Burg gehörte im Mittelalter der Familie Schaffgotsch, bis sie 1675 in Folge eines Blitzschlages zur Ruine ausbrannte. Die von Schaffgotsch nahmen dann ihren Wohnsitz im nahe gelegenen Warmbrunn.

Unten: Im Vordergrund der Burgruine erkennt man die Reste der spätgotischen Erker-kapelle von 1393.

Eigentlich sehen sich die Kirchen von Langenbielau und Waldenburg (rechte Seite) ziemlich ähnlich, die schlanken Kirchtürme ragen hoch über den Dächern der Stadt in den Himmel. Langenbielau im Eulengebirge hat Geschichte geschrieben durch den Weberaufstand 1844, in ihren Mauern befand sich einer der größten Baumwoll-Textilbetriebe Schlesiens (Christian-Dierig-Werke, gegründet 1805). Bereits von Friedrich dem Großen stammte der Ausspruch: „Die Leinenindustrie ist die Seele von Schlesien, durch diese werden viele tausend Menschen ernährt."

Gottesberg mit 600 m ü. M. war die höchstgelegene Stadt Preußens. Die Stadt wurde von sächsischen Bergleuten im 13 Jh. gegründet. Wir blicken auf den Marktplatz mit einem schönen Kriegerdenkmal für 1870/71, eine hoch aufragende Germania auf einem mit zwei Kaiserreliefs verzierten Sockel.

Waldenburg war eine rege Kreisstadt mit 65 000 Einwohnern, mit geschäftigem Handel und weitverzweigter Industrie. Sie liegt im Waldenburger Kohlerevier und der Steinkohleabbau hatte hier eine jahrhundertelange Tradition; daneben gab es bedeutende Porzellanfabriken, chemische Industrie und Maschinenfabriken. Um 1250 entstand hier ein deutsches Burgdorf, um 1400 erfolgte die Stadterhebung. Bedingt durch die Konkurrenz der Nachbarstädte begann sich die Wirtschaft erst verhältnismäßig spät, um 1700 voll zu entwickeln. Waldenburg blieb 1945 unzerstört.
Der Ring wurde durch eine Brunnenanlage mit einem Standbild Kaiser Friedrichs III. geschmückt.

Die katholische Schutzengelkirche, ein Wahrzeichen Waldenburgs, wurde 1904 eingeweiht (links).
Ein Kunstkenner sieht auf den ersten Blick, dass diese evangelische Kirche mit dem zin-
nenverzierten Turm die typische Handschrift ihres Baumeisters Langhans trägt; sie
wurde von 1785–88 errichtet. Davor steht das turmähnliche Kriegerdenkmal für 1870/71,
das von einem Siegesengel gekrönt wird.
Der Markt bietet mit den Laubengängen und hohen Patrizierhäusern ein schönes Bild.

Waldenburg ist eine Bergwerksstadt mit vielen großen Plätzen und mächtigen Gebäuden. Ein zentraler Mittelpunkt war der Vierhäuserplatz, die erste Straßenbahn fuhr 1898.

Die Bahnhofstraße in Reichenbach, im Vordergrund das große Hotel Kaiserhof. Historiker gehen davon aus, dass um 1230 von deutschen Kolonisten aus Reichenbach im Vogtland die Stadt Reichenbach im Eulengebirge gegründet wurde. Die Siedler brachten aus ihrer alten Heimat die Kenntnisse des Tuchmacher- und Leinenhandwerks mit. Dies wurde zur wirtschaftlichen Grundlage der neuen Stadt, aber im 19. Jh. kam es auch hier zu Aufständen, als der billigere Maschinenwebstuhl eingeführt wurde.

Wie haben die Leute ausgesehen, die um 1900 in Waldenburg lebten? Sie sind hier auf drei Fotos festgehalten: Ein Lehrerkollegium im Jahre 1902, die stolzen Eltern auf dem unteren Bild hatten 5 prächtige Söhne.

Die Breslauer Straße in Reichenbach führt zum Ring und die Rathausuhr zeigt genau Viertel vor zwölf Uhr. Sehenswert sind die Tuchhändlerhalle und alte Bürgerhäuser am Ring.

Bei Berthelsdorf im Kreis Hirschberg treffen wir auf diesen mit Holz beladenen Bauernwagen. Das seltene Privatfoto entstand 1932.

Eine Überraschung erwartet uns in
Nimptsch: Wir sind in der ältesten Berg-
festung Schlesiens. Sie liegt auf einem
Bergkegel an einer uralten Handelsstraße,
die nach Böhmen führte. 1000 v. Chr. bestand bereits ein Kastell, und 400 n. Chr.
errichteten die Silinger hier eine spätger-
manische Burg.
Wir stehen am Ring vor der evangelischen
Kirche und betrachten das Stadtpanorama.

Ein schöner Ausblick auf Neurode am
Rande des Eulengebirges, im Vordergrund
die von 1885–87 neu erbaute katholische
Stadtpfarrkirche St. Nikolaus (linke Seite).

Das durch Erker
gegliederte Rathaus
am Ring. Es gab in
Neurode eine Ober-
und Unterstadt;
viele Einwohner
arbeiteten in Kohle-
und Tonwerken.

Kloster Grüssau bei Landeshut begeistert durch das 1728–35 erbaute Marienmünster mit seiner herrlichen Barockfassade.
Das mittlere Bild zeigt die Anfänge der Eisenbahn in Grüssau.
Mittelpunkt des Wallfahrtsortes Wartha ist die barocke katholische Kirche mit der zwei-türmigen Fassade, erbaut 1686–1704.

Kloster Leubus liegt im großen Oderbogen und beeindruckt durch seinen langgestreckten Monumentalbau (225 m). Im Jahre 1175 wurde das älteste schlesische Kloster von Zisterziensermönchen gegründet, Mitte des 17. Jh. entstand das Kloster in seinen heutigen Formen.

Unten: Die mächtige Wallfahrtsbasilika in Albendorf, die Graf Anton von Götzen 1715–30 errichten ließ.

Eine Ausflugsgruppe hat sich am 15.7.1936 auf einer Wiese fotografieren lassen, im Hintergrund der hügeligen Landschaft erkennt man Bad Reinerz.

Bekannte schlesische Kurorte:

Iser-Gebirge:
Bad Flinsberg
Bad Schwarzbach

Riesengebirge:
Bad Warmbrunn

Waldenburger Bergland:
Bad Charlottenbrunn
Bad Salzbrunn

Grafschaft Glatz:
Bad Altheide
Bad Kudowa
Bad Landeck
Bad Langenau
Bad Reinerz

Bad Ziegenhals
(bei Neisse)

Schlesiens wohl berühmtester Wallfahrtsort ist Albendorf, das „schlesische Jerusalem" in der Grafschaft Glatz. Von 1683 an schuf man Nachbildungen aller Erinnerungsstätten Jerusalems.

Unsere Gedanken kehren zurück in die Heimat nach Wünschelburg u. d. Heuscheuer.
„Da wogte das Korn im Wind, da stand der Weizen mit prallen Ähren, breiteten sich Kartoffel- und Rübenäcker aus bis schier an den Horizont."

Eine Vignette der Tierschau und landwirtschaftlichen Ausstellung in Trebnitz 1914.

Den Reigen der vielen traditionsreichen Kurorte in der Grafschaft Glatz, die nur kurz gezeigt werden können, soll Bad Reinerz eröffnen. Berühmte Persönlichkeiten suchten hier Entspannung und Erholung, so der Dichter Carl von Holtei und die Musiker Felix Mendelssohn-Bartholdy und Frédéric Chopin.

Gestern „goß es frisch und froh,
Heute regnet's munter,
Plätscherts morgen auch noch so,
Geht Kudowa unter.

„Nasse Grüsse aus
Bad Kudowa.

Kurpark mit Schloss.

Das vornehme Bad Kudowa konnte exklusive Gäste vorweisen, so weilten hier der Preußenkönig Friedrich Wilhelm III. und Helmuth von Moltke. 1785 erwarb Freiherr Michael von Stillfried das Dorf Kudowa von einer böhmischen Adelsfamilie; dessen Sohn, Johann von Stillfried baute den Ort zu einem Kurbad, vor allem gegen Herzleiden und Rheuma, aus. 1870 wurde es das erste deutsche Herzbad. Das elegante Kurhotel Fürstenhof erzählt vom Flair vergangener Tage.
Gerne wurden auch humorvolle Wetterkarten verschickt.

Bad Kudowa. Kurhotel Fürstenhof.

*Landeck i. Schles.*
*Ring*

Während in vielen Kurbädern das Gesellschaftsleben im Mittelpunkt stand, war es in Bad Landeck anders, denn die reizvolle Kleinstadt mit den schönen Renaissancehäusern und Laubengängen am Ring wurde gerne als Ausflugsort besichtigt. Bereits um 1400 begann die Erschließung der ersten warmen Quellen. Dieses älteste der Grafschafter Heilbäder suchte Friedrich der Große auf, um hier Genesung zu finden.

Am Ring in Frankenstein begeistert das Rathaus mit seinem 75 m hohen schlanken Turm;
die Stadtmauer ist noch weitgehend erhalten. In Frankenstein gab es eine vielseitige
Industrie und eine Zuckerfabrik.
Wie viele Städte in der Bergs- und Gebirgsregion im südlichen Landesteil Schlesiens blieb
auch diese Stadt Ende des Zweiten Weltkriegs weitgehend unzerstört.
Es gibt nicht nur einen Schiefen Turm in Pisa, sondern auch einen 38 m hohen Schiefen
Turm in Frankenstein, der sich Ende des 16 Jh. nach einer Seite senkte und zur Pfarr-
kirche St. Anna gehört (oben rechts).

Die alte Festungsstadt Glatz, enge Gassen, hohe Häuser, viele Kirchen, Mariensäule, barocke Gebäude und hoch über der Stadt die alte friderizianische Festung – für jeden ein unvergesslicher Anblick.

Einen kleinen Hauch aus vergangenen Tagen sollen auch die beiden folgenden Seiten einfangen: In den engen Straßen der Glatzer Altstadt.

Im Stadtbahnhof warten Reisende auf die Einfahrt des Zuges.

Glatz ist der älteste geschichtlich bezeugte Ort Schlesiens, er wird erstmalig 981 als „Castellum Kladzco" genannt.

Friedrich der Große erkannte schon bald die strategische Bedeutung dieses Platzes und ließ hier, wie auch im weiter nördlich gelegenen Silberberg, eine mächtige Festung anlegen. Das obere Bild zeigt den Innenhof der Festung Glatz, das mittlere Bild Silberberg.

Friedrich der Große
Erbauer der Festung

Bild unten: Die damals schier uneinnehmbaren Rundtürme der Festung Silberberg mit meterdicken Mauern. Einige Details: die 3 km lange Festung wurde zwischen 1765 und 1777 erbaut, zeitweise von 4000 Arbeitern. Sie bot Platz für 5000 Soldaten, viele Kasematten wurden in den Fels gesprengt. 1807 konnte Napoleon die Festung nicht erobern, sie wurde 1859 aufgegeben. Die Passfestung Silberberg im Eulengebirge erhielt auch die Bezeichnung „Das schlesische Gibraltar".

Wenn man die beiden Festungswerke auf den Bergkuppen in Glatz und Silberberg vergleicht, erkennt man ihre verblüffende Übereinstimmung. Langgezogene, scheinbar in den Boden hineingewachsene, flache Gebäude, die von allen Seiten gut zu verteidigen sind und die eine weite Fernsicht bieten. Das mittlere Bild lädt auch zu einem Besuch des Ortes Silberberg ein.

Alte friderizianische Truppen des militärischen Traditionsvereins in Glatz – so mag es damals, um 1742 ausgesehen haben! Das Foto stammt von 1930.

Die Patschkauer Straße mit dem Torturm in Münsterberg.

Auf dem Ring verkaufen Bauern ihre landwirtschaftlichen Produkte, im Hintergrund das Schuhwaren-Haus Benno Hartmann. Münsterberg ist durch seine große katholische Pfarrkirche St. Georg aus dem 13. Jh. bekannt geworden, auch Stadtmauern und Stadttore sind erhalten geblieben.

Wir verweilen in Strehlen an der Ohle, hier gibt es die reichsten Granitvorkommen Europas. Strehlener Granit wurde von Bildhauern sehr geschätzt als Sockel/Fundament für Denkmäler. Strehlen hatte bei Kriegsende 1945 sehr zu leiden, denn hier verlief bis zum 7. Mai 1945 die hart umkämpfte Frontlinie.

Das obere Bild zeigt die Breslauer Straße, die zum Ring führt, mit dem Rathausturm. Der weiträumige Ring mit der evangelischen St. Michaeliskirche ist auf der unteren Abbildung zu sehen.

Die terrassenförmig ansteigende, altertümliche Bergstadt Habelschwerdt wurde wiederholt von schweren Stadtbränden heimgesucht, einige Stadttore sind noch erhalten. Die 1737 errichtete barocke Dreifaltigkeitssäule dominiert den Ring.

Jeder Reisende, der Striegau besucht, bestaunt die wie ein Fels hoch aufragende katholi-
sche Pfarrkirche St. Peter und Paul, eine der großartigsten Schöpfungen der schlesischen
Gotik aus dem 14. Jh.; die dreischiffige Basilika ist aus Bruchstein/Granit gebaut.
Baumaterial gab es schon damals reichlich, denn auch bei Striegau liegen bedeutende
Granit- und Basaltvorkommen.

Unten: Aussicht auf den rechteckigen Ring. Die meisten der parkenden Autos sind Opel-
Fahrzeuge.

Schweidnitz hat den höchsten Kirchturm Schlesiens (104 m) vorzuweisen, 1325–1488 wurde die Basilika im gotischen Stil erbaut, zu ihr führt die Langstraße (linkes Bild). Ein Blick auf den Obstmarkt mit der Dreifaltigkeitssäule (1693) und dem Rathaus. Unten: Die Ecke Grundhof - Hohe Straße strahlt Ruhe und Vertrautheit aus, hier fühlt man sich zu Hause!

Schweidnitz war eine Bilderbuchstadt mit stolzen Bürgerhäusern, vielen Plätzen, breiten Straßen, Brunnen und zahlreichen Denkmälern. Die am Fuße des Eulengebirges 1243 gegründete Stadt war einst Mittelpunkt des Herzogtums Schweidnitz. Im Dreißigjährigen Krieg wurde sie weitgehend zerstört, damals lebten nur noch rund 200 Menschen in ihren Mauern. Friedrich der Große baute sie zur Festungsstadt aus. Um die Mitte des 19. Jh. setzte eine stürmische wirtschaftliche Entwicklung ein.
Bild oben: Auf dem Obstmarkt gehen die Einwohner spazieren.
Unten: Am Ring in Schweidnitz spielen Kinder am Brunnen, dahinter eine schöne, geschlossene Häuserzeile.

Freiburg i. Schl.
Neumarkt

Freiburg spielt in der Eisenbahngeschichte Schlesiens eine führende Rolle, denn die Stadt ist seit 1843 durch eine der ältesten Eisenbahnen Schlesiens mit Breslau verbunden („Freiburger Bahnhof in Breslau"), 1844 folgte der Abzweig Königszelt - Schweidnitz.
Foto unten: Das Stadtbild von Freiburg mit dem Rathaus und dem rechteckigen Ring besticht durch klare, wohl geordnete Strukturen.

Foto oben: Der Neumarkt wird von einem eindrucksvollen Kriegerdenkmal für 1870/71 geschmückt: Eine rund 10 m hohe Säule mit mehrfach abgestuften Sockeln, kunstvoll verziert, gekrönt von einem Siegesengel. Es gab in Schlesien viele solcher herrlicher architektonischer Kunstwerke für 1870/71, oft auch hohe, schlanke Säulen mit Preußenadler. Leider wurde es versäumt, diese zu erkennen, zu erfassen und zu dokumentieren, sodass hier bereits eine große kunsthistorische Forschungslücke besteht, die man nie mehr schließen kann.

Wenn man den Namen Jauer hört, denkt man an die Friedenskirche, deren Entstehung ein unglaubliches handwerkliches Geschick und großen Fleiß verrät. Das im Fachwerkbau 1654–56 als Hallenkirche erbaute Gotteshaus ist erhalten geblieben; in Schlesien wurden noch zwei weitere Friedenskirchen in Holzbauweise errichtet, nämlich in Glogau (1758 bei einem Stadtbrand vernichtet) und Schweidnitz (inzwischen restauriert).

Eine Luftaufnahme von Jauer. Die um 1242 gegründete Stadt hatte es durch Leinenhandel zu Ansehen und Wohlstand gebracht, bis sie 1776 durch einen Stadtbrand fast ganz vernichtet wurde. Ein Wahrzeichen der Stadt ist der 65 m hohe gotische Rathausturm (siehe auch Seite 6), unten im Vordergrund erkennt man das Schloss.

Südlich von Breslau
liegt das kleine
Städtchen Kanth,
das sich mit einer
Panorama-Ansicht
vorstellt. Bei den
Kämpfen um die
nahe gelegene
Festung Breslau
hatte die Stadt sehr
gelitten, sie lag
während der letzten
drei Monate bis
zum 7.5.1945 im
Frontgebiet.

Die Handwerker-
stadt Schönau an
der Katzbach heißt
uns mit dem Ring
willkommen. Der
Name des Flusses
Katzbach ist mit
einer erfolgreichen
Schlacht Blüchers
verbunden, der hier
erstmals auf schlesi-
schem Boden 1813
Napoleon besiegte
und damit die Zeit
der Freiheitskriege
eröffnete.

Friedland ganz im Süden des Kreises Waldenburg wurde um 1250 als Kolonialstadt von Böhmen aus deutsch besiedelt, kam 1526 an das Haus Habsburg und wurde 1742 preußisch. Wir blicken auf den mit einer Grünanlage geschmückten Ring mit Rathaus und auf die beiden Kirchen.

Die Kreisstadt Landeshut am Bober liegt zwischen Hirschberg und Waldenburg an einer alten Passstraße nach Böhmen. Die Stadt lebte von der Tuchmacherei, später kam Leinenweberei dazu, in der Mitte des 19. Jh. förderte die Leder- und Schuhindustrie den Handel. Der Erbauer des Brandenburger Tores (1788–91) in Berlin war Schlesier, der klassizistische Baumeister Carl Gotthard Langhans wurde 1732 in Landeshut geboren.

Viele Bücher sind schon über die Schlacht bei Leuthen am 5. Dezember 1757 geschrieben worden, bei der Friedrich der Große „alles auf eine Karte" setzte, die Österreicher überraschend angriff und gewann, obwohl sie in der Übermacht waren. Brennpunkt der Schlacht war auch die Kirchenmauer in Leuthen, wo preußische Grenadiere auf erbitterten Widerstand stießen. Die Abbildungen zeigen diese Kirche mit der langen Mauer und das von Rauch 1852 geschaffene Siegesdenkmal, eine hohe Granitsäule mit Siegesgöttin.

Leuthen
Dorfstraße mit historischer Kirchhofsmauer

Die beiden Sieges-
denkmäler von
Leuthen mit dem
Bild des Preußen-
königs.

Der Sieger von Leuthen

**Denkmäler auf dem Schlachtfelde bei Leuthen**

Die erste Schlacht
um Schlesien wurde
am 10. April 1741 in
Mollwitz geschla-
gen. Den schwieri-
gen Sieg über die
Österreicher hatte
aber letzten Endes
der noch junge
König seinen alten,
erfahrenen Generä-
len zu verdanken.
Die Karte zeigt die
Kirche, Nitsches
Gasthaus und ein
Kriegerdenkmal.

Kirche

Nitsche's Gasthaus

Kriegerdenkmal
**Gruss aus Mollwitz Kr. Brieg**

4 Jahre später, am
4. Juni 1745 findet
bei Hohenfriede-
berg wieder eine
Schlacht gegen die
Österreicher statt.
Aber dieses Mal hat
der König viel da-
zugelernt und er
trägt einen brillan-
ten Sieg davon; der
Kampf am frühen
Morgen ist nach
wenigen Stunden
entschieden.

Siegeshöhe

**HOHENFRIEDEBERG**
die historische Stadt

Siegeshöhe

Schloß

ZOBTEN a. BERGE, Lützower-Denkmal mit Kirche

Die Stadt Zobten wird durch eine gotische Kirche geschmückt, davor erhob sich das aus Stein gehauene Lützowsche Reiterdenkmal, geschaffen 1913 von Theodor von Gosen (Bilder oben links und rechts).

In Mollwitz wurden jährlich die Reiterfestspiele „Mollwitz" von K. W. Michler aufgeführt, bei denen sich natürlich alles um den jungen König drehte. In den drei Schlesischen Kriegen, die sich von 1740–42, 1744–45 und 1756–63 hinzogen, wechselte oft das Kriegsglück. Schließlich brachten die Verhandlungen im sächsischen Schloss Hubertusburg am 15. 2. 1763 endlich den sehnsüchtig erwarteten Frieden und die endgültige Bestätigung der neuen Grenzen (ohne die Herzogtümer Troppau-Jägerndorf und Teschen).

Szene aus dem Reiterfestspiel „Mollwitz" von K. W. Michler

Der König kommt

ZOBTEN a. B.      Kath. Kirche

Zobtenberg, 718 m ü. M.,          Partie am kleinen Riessner
Post und Telefon

Der 718 m hohe Zobtenberg, der „Hausberg" der Breslauer, ist die höchste Erhebung des Zobtengebirges. Es handelt sich um einen historischen Ort, denn einst war hier eine altgermanische Kult- und Zufluchtsstätte. Viele Schulklassen und Wandergruppen unternahmen hierher Ausflüge. Man besuchte Gasthäuser, die Zobtenbergbaude, eine Bergkirche und den Bismarckturm mit einer prächtigen Aussicht und konnte außerdem im Winter herrlich Ski- und Schlittenfahren.

Krieblowitz b. Canth.

Er war eine bedeutende historische Persönlichkeit, die die Geschicke Preußens und auch Europas geprägt und den Sieg gegen Napoleon bei der Völkerschlacht bei Leipzig und in Waterloo mitgetragen hat: 1813 erhielt Blücher den Oberbefehl über die vereinigte schlesische Armee, und bald darauf kam es zur ersten erfolgreichen Schlacht an der Katzbach.

Durch Friedrich Wilhelm III. wurde Blücher zum Fürsten von Wahlstatt ernannt, er erhielt 1814 Dorf und Schloss Krieblowitz (bei Canth) als Dotation. Gebhard Leberecht von Blücher („Marschall Vorwärts") verstarb am 12. September 1819 auf seinem Schloss Krieblowitz. 1846–53 wurde für ihn im Schlossgarten ein würdiges Mausoleum aus Zobtengranit errichtet (Seite 122–123 oben).

Mittelpunkt des Blücherplatzes in Breslau war das von Rauch geschaffene, 1827 eingeweihte Standbild Blüchers. Die Bronzefigur hatte eine Höhe von 3,22 m, sie stand auf einem hohen Sockel.

BRESLAU    Blücherplatz

Dem Fürsten Blücher von Wahlstatt.
Die Könige Friedrich Wilhelm III., Friedrich Wilhelm IV. und das Heer.
Vollendet 1853.

Dem Fürsten Blücher von Wahlstatt. Die Könige Friedrich Wilhelm III,
Friedrich Wilhelm IV, und das Heer. Vollendet 1853

Krieblowitz b/Canth                    Wachthaus

Schloß Krieblowitz

1241 fand in Wahlstatt die Mongolenschlacht statt. Obwohl das deutsch-polnische Ritterheer unter Herzog Heinrich II. besiegt wurde, zogen sich die Mongolen wegen Umgruppierung ihrer Truppenteile zurück. 1727–31 entstand hier ein spätbarockes Benediktinerkloster mit einer großartigen Klosterkirche; das Foto stammt von 1910.

Gruss aus Wahlstatt.

In Dyhernfurth galt das von Langhans erweiterte und umgestaltete Schloss mit seinem herrlichen Schlosspark als Sehenswürdigkeit. Freiherr von Dyhern gab dem früheren Ort Brzeg 1663 seinen Namen, gleichzeitig erfolgte die Erhebung zur Stadt. Während des Zweiten Weltkriegs entstanden hier an der Oder große chemische Produktionsbetriebe.

Welche Orte liegen an der Oder?

| | | |
|---|---|---|
| Ratibor | Ohlau | Steinau |
| Lubowitz | Breslau | Köben |
| Cosel | Auras | Glogau |
| Krappitz | Dyhernfurth | Beuthen |
| Oppeln | Maltsch | Schloss Carolath |
| Brieg | Leubus | Neusalz |

Der große Oderbogen bei Kloster Leubus-Weinberg. Mit rauchenden Schornsteinen fahren zwei Dampfer stromaufwärts und stemmen sich gegen die starke Strömung.

Wenn man diese beiden Ansichten des Rings in Neumarkt betrachtet, sieht alles wie ein Bühnenbild aus. Auf der einen Seite das Rathaus, von behäbigen Bürgerhäusern umgeben und gegenüber auf der anderen Seite die hohe katholische Stadtpfarrkirche St. Andreas, deren Grundsteinlegung bereits 1233 erfolgte. Daneben steht der als Wehrturm ausgebaute, 34 m hohe klobige Glockenturm.

Der bekannte Wallfahrtsort Trebnitz wurde 1146 erstmals genannt. Herzog Heinrich I. von Schlesien und seine Gemahlin Hedwig von Andechs-Meran (1174–1243) gründeten hier das erste Frauenkloster in Schlesien für Zisterzienserinnen. Die Herzogin unterstützte die Gründung von vielen neuen Klöstern und wurde nach ihrem Tode heilig gesprochen (1267). Das prunkvolle Hochgrab aus schwarzem Marmor wurde 1679/80 errichtet (Bild links). Unten sehen wir das Stadtpanorama.

Breslau hatte 1939 rund 630 000 Einwohner und war eine der schönsten Städte Deutschlands; kultureller, geistiger und wirtschaftlicher Mittelpunkt Schlesiens mit einer unglaublichen Fülle von Barockbauten, Kirchen, Brunnen, mit vielen berühmten Plätzen und Denkmälern, hier standen vier große Reiterstandbilder.
Oben: Das spätgotische Rathaus und ein Blick auf die Magdalenenkirche und das Kaufhaus der Gebr. Barasch mit der Riesenweltkugel, unten die Schmiedebrückestraße.

Von Ostpreußen über Schlesien begann sich Anfang 1813 der Widerstand gegen den französischen Herrscher zu formieren. Und hier in Breslau war es auch, wo am 17. März 1813 der Aufruf „An mein Volk" von König Friedrich Wilhelm III. erlassen wurde; der Text war beiderseits auf jeweils drei Bronzetafeln am Sockel des hoch aufragenden Denkmals festgehalten. Die bronzene Reiterfigur des Königs war 4,4 m hoch. Das Denkmal von August Kiss wurde am 12. November 1861 feierlich eingeweiht, es stand an der Westseite des Rathauses.

Vor dem Treppenaufgang des Museums der Bildenden Künste wurde zu Ehren des 99-Tage-Kaisers Friedrich III. am 26. Oktober 1901 ein 4,5 m hohes, bronzenes Reiterstandbild enthüllt, geschaffen von A. Brütt.

Zur Erinnerung an den Eroberer Schlesiens für die preußische Krone gedachte man Friedrichs des Großen mit einem Reiterstandbild auf der Sieben-Kurfürsten-Seite des Rings, geschaffen von einem der berühmtesten schlesischen Bildhauer, dem 1802 in Parotzan bei Pleß geborenen August Kiss. Das am 27. Juni 1847 enthüllte Reiterstandbild hatte eine Gesamthöhe von 9 m.

In der Tag und Nacht stets belebten Schweidnitzer Straße dominierte schon von weitem die mächtige Denkmalsanlage für Kaiser Wilhelm I., nahe der St.-Corpus-Christi-Kirche. Auf beiden Seiten führte ein großzügig angelegter Treppenaufgang mit breiten Stufen zu dem Reiterstandbild. Es wurde von Christian Behrens modelliert, der architektonische Aufbau von Hugo Licht 1896 vollendet. Am 6. September 1897 erfolgte die Einweihung unter großer Anteilnahme der Bevölkerung.

Breslau.   Kaiser Wilhelm-Denkmal.

Breslau – Blick auf die Sandinsel mit der Sandkirche, links im Hintergrund die Magdalenenkirche.

Ein Zeppelin über Breslau, in der Bildmitte der Tauentzienplatz mit dem Kaufhaus
Wertheim, links führt die Schweidnitzer Straße in Richtung Ring, vorbei am Denkmal
Kaiser Wilhelms I. und der St.-Corpus-Christi-Kirche.

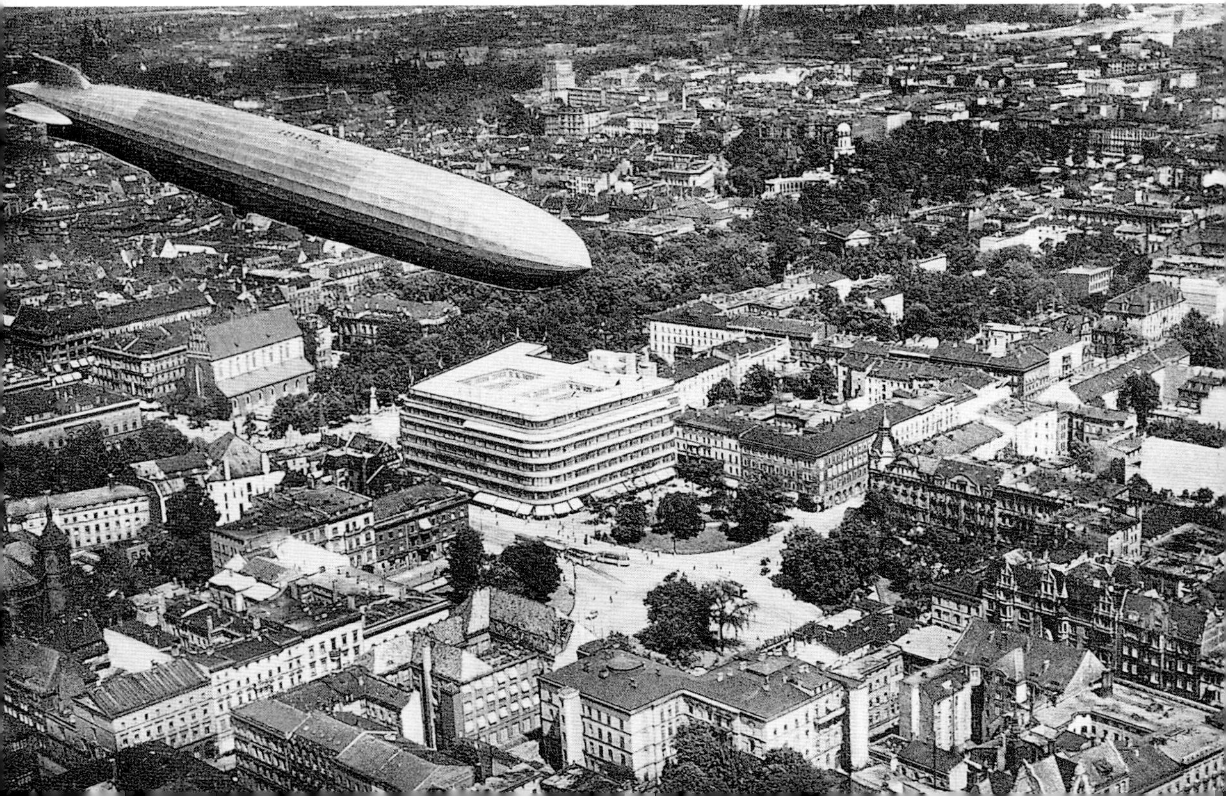

Am Breslauer Ring mit der Elisabethkirche, mit deren Bau bereits 1241 begonnen wurde.

Die Schweidnitzer Straße, links das Stadttheater, erbaut von Langhans d. J. – Es eröffnete 1841 mit einer glanzvollen Aufführung von Goethes „Egmont" seine Pforten.

Mittelpunkt des Rings in Trachenberg war ein Kriegerdenkmal für 1870/71. In der näheren Umgebung lag das berühmte Schloss Trachenberg, dessen jahrhundertelange Besitzer, die Familie von Hatzfeldt, eng mit der Stadtgeschichte von Trachenberg verbunden waren.

Neumittelwalde nördlich von Groß-Wartenberg hatte 1600 Einwohner. Die Abbildung zeigt den Unterring mit der evangelischen Kirche.

Wir begrüßen die Stadt Prausnitz und blicken auf das Zentrum mit der katholischen Kirche.

Auf dem Ring in Raudten lädt das „Hotel zum goldenen Löwen" zur Bleibe ein, es befindet sich neben der Pfarrkirche St. Katharina; deren Turm entstand 1793.

Militsch an der Bartsch erhielt 1300 deutsches Stadtrecht. Wir blicken auf den Ring mit dem mächtigen Rathaus. Bekannt ist auch das Schloss in Militsch, das von 1799 bis 1945 den Grafen von Maltzan gehörte.

Das Stadtbild von Groß-Wartenberg wird von den beiden großen Türmen, links die katholische Kirche und daneben der Rathausturm, bestimmt.
Die Ende Januar 1945 unversehrt in die Hände der Roten Armee gefallene Stadt teilte das schlimme Los vieler anderer Städte in Deutschlands Osten: Sie wurde planmäßig in Brand gesteckt, dabei wurde über die Hälfte ihrer Bausubstanz vernichtet.

1884 fiel das protestantische Fürstentum Oels an die Krone Preußens. Der Kronprinz von Preußen, Prinz Wilhelm von Preußen (1882–1951) nahm 1918 seinen Wohnsitz im Schloss, er war der letzte Besitzer. Das herzogliche Schloss wurde im Renaissancestil zwischen 1558 und 1617 neu errichtet, dazu gehörten auch große Ländereien.
Oels erhielt 1255 deutsches Stadtrecht. Aus dem 15. Jh. sind der Breslauer Torturm (Bild links) sowie Teile der Stadtmauer erhalten geblieben, das untere Bild zeigt den Ring.

Auch Ohlau war, wie Oels, im Mittelalter Residenz schlesischer Herzöge, die Stadtgründung erfolgte um 1218 an einem wichtigen Oderübergang. Zum Stadtbild gehörte
der 54 m hohe, barocke Rathausturm von 1668 mit der Kunstuhr „Der Tod von Ohlau".
Bereits 1842 verkehrte die erste schlesische Eisenbahn zwischen Breslau und Ohlau, industrielle Unternehmen und die Oderschifffahrt bestimmten das Wirtschaftsleben.
Links oben: Der Ring mit dem Rathaus, rechts das Schilldenkmal zur Erinnerung an die
„Braunen Schill-Husaren", unten die Oderbrücke.

Gruss aus SIBYLLENORT

JAGDSCHLOSS
St. Majestät des Königs v. Sachsen

KGL. THEATER

Schloss Sibyllenort i. Schles.
in welchem Se. Majestät König Albert von Sachsen am 19. Juni 1902 verschieden ist.

Schlesischer Adel
von Montbach, von Matuschka, von Lichnowsky, von Tschammer, von Rothkirch-Trach, von Schweinitz, von Falkenhausen, von Rosenegk, von Glaubitz, von Reibnitz, von Kayserlingk, von Brauchitsch, von Schmettow, von Lüttwitz, von Richthofen, von Schönaich, von Falkenhayn, von Strachwitz, von Ballestrem, von Knobelsdorff, von Diebitsch, von Schaffgotsch, von Zech-Burkersroda, von Seherr-Thoss, von Haugwitz, von Hoym, von Goetzen, von Pannewitz, von Hochberg, von Pless, von Mutius, von Donnersmarck, von Kottwitz, von Zedlitz, von Pückler, von Bomsdorff, von Gersdorf, von Reden, von Nostitz, von Prittwitz, von Kreckwitz, von Salisch, von Dyhern …

Eine versunkene, höfische Welt soll auf diesen beiden Seiten wieder entstehen und festgehalten werden, die große Schlossanlage Sibyllenort im Kreis Oels, benannt nach Sibylla Maria, der Gemahlin des Herzogs Christian Ulrich I. von Bernstadt. Als 1824 Oels von Herzog Wilhelm von Braunschweig-Lüneburg übernommen wurde, begannen zahlreiche Um- und Neubauten der Schlossanlagen; König Albert von Sachsen erbte es 1884 und starb hier am 19. Juni 1902.

Das kastellartig im Tudorstil angelegte Schloss mit langer Außenfassade beherbergte als kostbares Juwel ein eigenes Theater und lag inmitten ausgedehnter Parkanlagen. Heute erinnern nur noch einzelne Ruinen an glanzvolle Zeiten.

Schloss Sibyllenort.

Schloß Sibyllenort

Schloßbrauerei

137

In der Piastenstadt Brieg an der Oder gab es viele Kunstwerke zu bewundern: Allem voran das 1574 vollendete Schloss als eines der reichsten und schönsten Renaissance-schlösser Schlesiens mit prachtvollem Torbau, gefolgt vom Renaissance-Rathaus (1570), geschmückt mit dem Denkmal Friedrichs des Großen, die Nikolaikirche mit herrlichem Chorgestühl und die St. Hedwigskirche. Die Abbildung unten führt uns auf den Ring mit dem Rathaus.

Brieg. Rathaus.

Eigentlich war jede Stadt eine Kostbarkeit, in der man vieles entdecken konnte, so auch das altehrwürdige, von wuchtigen Stadtmauern und Türmen umgebene Patschkau, das „schlesische Rothenburg". Erwähnt werden muss die einer Trutzburg ähnelnde katholische Pfarrkirche St. Johannes, erbaut um 1400, die man im Bild links oben erkennt; auf der Luftaufnahme unten steht sie im Vordergrund.

Viele Schlesier sehnen sich zurück nach jenen Tagen, in denen sie hier in Bernstadt ihre sorglose Kindheit und Jugend verbracht haben und täglich über den Ring gegangen sind, um auf dem Markt einzukaufen. Die Stadt wurde um 1266 von Herzog Heinrich III. von Breslau gegründet, die untere Abbildung zeigt das Panorama vom Schlossturm aus gesehen.

Auch die Stadt Namslau kann man wohl nicht vergessen. Vom rechteckigen weiten Ring blickt man auf zwei große Türme – auf den Rathausturm und auf die spätgotische Pfarrkirche St. Peter und Paul, eine Hallenkirche aus dem 15. Jh. –, sie gehörten zum wohlvertrauten Stadtbild. Der Ring wurde durch eine hohe Säule mit Preußenadler (Kriegerdenkmal für 1870/71) und durch eine Heiligenfigur geschmückt.

Der kleine Ort Kamitz bei Patschkau empfängt uns mit vielen Einwohnern auf einer Brücke, im Vordergrund wartet eine Pferdedroschke. Was sich an jenem Tag hier ereignet hat, werden wir wohl nie erfahren, vielleicht fand in der Dorfkirche eine Feier statt?

Hinter Laubbäumen versteckt begrüßt uns die Kirche in Ebersdorf, Kreis Habelschwerdt.

Nordöstlich von Strehlen liegt die Kleinstadt Wansen, ebenfalls an der Ohle. Auf der Neißer Straße spielen Kinder; wenn man geradeaus weiterfährt, erreicht man den Ring.

Wir haben die Niederschlesische Heide, das Riesengebirge, die Grafschaft Glatz und Breslau hinter uns gelassen, fahren in östlicher Richtung weiter und sind nun in Oberschlesien.

Ottmachau an der Glatzer Neiße erhielt 1347 durch den Bischof von Breslau deutsches Stadtrecht. Die Abbildung oben dokumentiert den Oberring mit dem Hotel „Zum weißen Schwan", dahinter die barocke Fassade der doppeltürmigen katholischen Pfarrkirche (Baubeginn 1235), die Ende des 17. Jh. umgebaut wurde und ein berühmtes Hochaltarbild enthielt.

In Ottmachau stand die größte Zuckerfabrik Oberschlesiens. Die untere Abbildung zeigt den Ring, rechts hinter den Häusern entdeckt man die Kirche.

Vor uns liegt die Silhouette der Stadt Pitschen, die Mitte des 13. Jh. auf einem nach Norden abfallenden Hügel mit ovalem Grundriss angelegt wurde.

Die Krakauer Straße führte zum Ring in Groß Strehlitz, im Hintergrund grüßt der vertraute Rathausturm. Groß Strehlitz, ehemals eine Burgsiedlung, liegt an der alten Handelsstraße Breslau - Kreuzburg - Krakau.

Rosenberg gehörte von 1321–1532 zum Herzogtum Oppeln. Wir betrachten den Ring mit dem Rathaus, davor die hohe Mariensäule von 1698. Als beliebtes Ausflugsziel im Kreis Rosenberg gelten die Schrotholzkirchen, von denen sich viele bis heute erhalten haben. Einstmals standen in Schlesien über 200 dieser kleinen Gotteshäuser.

Kreuzburg war Eisenbahnknotenpunkt und eine rege Industriestadt. Berühmt waren die barocken Giebelhäuser auf dem Ring, die „Zwölf Apostel", die leider durch einen Brand 1925 teilweise zerstört wurden. Der bekannte Schriftsteller Gustav Freytag wurde 1816 in Kreuzburg geboren, sein Geburtshaus blieb als kleines Museum bis 1945 erhalten, und auf dem Ring erinnerte ein Brunnen an den Dichter.

Eine der schönsten Städte Deutschlands, Neisse, das „schlesische Rom", hatte im März 1945 ein schlimmes Schicksal zu erleiden, sie wurde zu mehr als 80 % zerstört. Das alte, herrliche Neisse von früher gibt es nicht mehr.

Neisse. Partie am Ring mit Kämmereigebäude.

Von besonderer Schönheit erstrahlte die spätgotische, katholische Stadtkirche St. Jakobi mit dem frei stehenden Glockenturm, deren Baubeginn 1224 erfolgte. Berühmt waren das Kämmereigebäude (1604), dessen bemalte Fassade mit vielen Figuren geschmückt war, der „Schöne Brunnen" von 1686 (linke Seite) und das Rathaus mit seinem 84 m hohen, spitzen Turm. Der reichhaltige, sakrale Kirchenschatz (Goldschmiedearbeiten) wurde Anfang 1945 eingemauert und dadurch gerettet.

Neisse war Hauptstadt des Fürstentums Neisse, das von 1198–1810 dem Bischof von Breslau gehörte.

Aus alter Zeit stammen die hohen Stadttore, der Breslauer Torturm (links) und der Berliner Torturm. Seit dem Mittelalter war die Stadt wegen ihrer Handwerkskunst berühmt: Neisser Goldschmiede, Zinngießer und Keramiker fertigten viele wertvolle Kunstgegenstände an.

Ein gemütliches Bild bietet der Ring in Grottkau. Mitten auf dem weiten Platz steht ein Pferdefuhrwerk, wir entdecken das „Hotel zum Ritter" von Julius Zwirzina und rechts ein Kaiserdenkmal; 1268 erhielt der Ort die Stadtrechte. Vom Ring führten vier Hauptstraßen zu den vier Stadttoren – dem Neisser, Breslauer, Münsterberger und Löwener Tor.

M. Scheitza, Falkenberg O.-S.
Restaurant zum Ratskeller - Telefon No. 27

Falkenberg wird erstmals 1280 als „Valkenberch" genannt. Im Restaurant „Zum Rats-keller" von M. Scheitza konnte man auch draußen im Hof sitzen. Auf dem rechten Foto sehen wir die evangelische Kirche, dahinter das Schloss.
Auf dem Ring steht eine Heiligenfigur und den Abschluss bildet die katholische Stadt-pfarrkirche aus dem 14. Jh. mit ihrem markanten Profil, einem gotischen Treppengiebel.

Zwei Bilder von der Oderschifffahrt: Im Oderhafen von Cosel herrscht reger Betrieb, das mittlere Bild zeigt Schleppkähne, die vor der Schleuse in Ohlau liegen.

Das Wirtschaftsleben der Stadt Zülz wurde von der umliegenden Landwirtschaft geprägt, im Bild der Obermarkt mit der katholischen Kirche. Die Stadt gehörte von 1756–1841 den Grafen Matuschka.

Neustadt O.S. lag unweit des Sudetenlandes. In der Ferne erkennt man die sanften Hügel der Bischofskoppe, hier begann bereits das Altvatergebirge. Neustadt wurde 1279 mit deutschem Recht gegründet. Beherrschendes Unternehmen der Stadt war der Groß-betrieb Fränkel mit einer bedeutenden Damast- und Leinenwarenfabrik.
Oben: Das Stadtpanorama mit der evangelischen gotischen Kirche, errichtet von 1902–04.
Vor dieser Kirche lag der Victoriaplatz mit dem Denkmal Kaiser Wilhelms I. (unten).

Ebenfalls nahe der böhmischen Grenze liegt im Bieletal das um 1230 durch den Bischof von Breslau gegründete Bad Ziegenhals. Von der Hohenzollernwarthe hatte man einen weiten Blick ins Altvatergebirge.

Auch der einsam gelegene 1899 erbaute Kaiser-Wilhelm-Turm (33 m) auf dem Glatzer Schneeberge bot einen unvergesslichen Ausblick.

Sehenswert am Ring in Bad Ziegenhals ist die katholische Pfarrkirche St. Laurentius mit ihren beiden Türmen (errichtet 1729); die Barockhauben stammen von 1907.

Von 1288–1532 war Oppeln Mittelpunkt des Herzogtums Oppeln. Es entwickelte sich zu einem bedeutenden Wirtschafts- und Kulturzentrum und erhielt 1843 Eisenbahnanschluss, wurde bald oberschlesischer Eisenbahnknotenpunkt und hatte 1939 rund 50 000 Einwohner. Die beiden Ansichten zeigen den Ring mit hohen Bürgerhäusern, deren Fassaden durch Erker und Türmchen aufwendig gegliedert sind. Um 1900 hießen die Geschäftsinhaber Süsskind, David, Tack und Przybylla.

Bilder vom alten Oppeln: Die Zimmerstraße begeistert durch herrliche Häuserfassaden.

Zwei Oderdampfer vor der Stadtkulisse, links die doppeltürmige Kreuzkirche. Zu einer Stadtbesichtigung gehörten: Das Piastenschloss, der Ring, Kirchen, Plätze und Einkaufsstraßen, das Neue Regierungsgebäude, die Oderpromenade und das Rathaus, das mit seinem Turm an einen Florentiner Palazzo erinnert. Es wurde 1822–24 von einem italienischen Baumeister erbaut.

Auf dem Ring herrscht reger Handel, im Hintergrund sieht man die beiden Türme der gotischen Kreuzkirche aus der Mitte des 15. Jh.

*Lourdesgrotte*

Der Anblick des 62 m hohen Rathausturms ist schon recht ungewöhnlich. 1844 erhielt er sein heutiges Aussehen mit dem Zinnenkranz.

Der heilige Berg der Schlesier, der St. Annaberg, hat eine überragende Bedeutung und Ausstrahlungskraft, er wurde zum religiösen und politischen Wahrzeichen Oberschlesiens.

Der St. Annaberg ist mit 410 m die höchste Erhebung Oberschlesiens. Von seinem Bergkegel grüßt die bekannte alte Wallfahrtskirche. Von 1700 bis 1709 wurden die 33 Kapellen des Calvarienberges erbaut, jährlich wird er von Tausenden von Wallfahrern besucht. Am 21.5.1921 erstürmten deutsche Freiwilligenverbände den von polnischen Insurgenten besetzten St. Annaberg, deshalb hat dieser Platz auch eine hohe symbolische Bedeutung.

Zwei Geschehnissen verdankt Cosel seine Bekanntheit. Es verfügte über einen bedeutenden Binnenhafen und war führender Umschlagplatz für das oberschlesische Industriegebiet. Cosel war einst Herzogtum, dann preußische Festung, als solche widerstand sie 1807 der Belagerung Napoleons. Cosel wurde am 18.3.1945 von den Russen erobert, zuvor waren alle Brücken gesprengt worden. Das Bild dokumentiert den Ring mit dem Rathausturm.

Viel Unrecht ist Oberschlesien nach dem Ersten Weltkrieg widerfahren. Obwohl sich in einer Volksabstimmung am 20.3.1921 die Mehrheit von 60 % für den Verbleib bei Deutschland ausgesprochen hatte, wurde Oberschlesien geteilt und viele Städte, Ortschaften und Industriebetriebe wurden in den neuen polnischen Staat eingegliedert.

Vor dem Postamt in Cosel herrscht reger Betrieb.

Diese seltene Abbildung zeigt einen Original Bierdeckel aus Leobschütz, eine Stadt, in der es viele Brauereien gab.

Bei der Volksabstimmung am 20.3.1921 in Leobschütz stimmten 9896 Einwohner für Deutschland, 90 für Polen. – 1187 wurde Leobschütz mit deutschem Recht gegründet, bekannt war die katholische Pfarrkirche Maria Geburt aus dem 13. Jh. Wir sehen oben links das eigentümliche Rathaus mit dem Staffelgiebel, rechts die berühmte Mariensäule von 1738 mit dem Rathaus und unten eine Luftaufnahme der Kreisstadt, die einen dreieckigen Ring besaß.

In Ratibor begrüßt uns ein junges Mädchen an der Oderbrücke, es zeigt uns die neue
evangelische Kirche und unten den Ring mit der barocken Mariensäule von 1727. Das
Rathaus ist von einer Abstimmungsbriefmarke verdeckt. 1922 verlor der Kreis Ratibor
das „Hultschiner Ländchen".
Ratibor galt bis 1945 als die südöstlichste Stadt Deutschlands, sie ist die erste schlesische
Stadt am Oberlauf der Oder.

Wir werfen einen Blick auf die alte Oderbrücke und erkennen, von Bäumen verdeckt, die Burg. Auch das alte, herrliche Ratibor ist mit seiner rund 850-jährigen, vielfältigen Stadtgeschichte im Frühjahr 1945 untergegangen und wurde zu 80% zerstört. Wie durch ein Wunder blieb die alte Mariensäule unversehrt erhalten.

Im 9 km entfernten Schloss Lubowitz wurde 1788 der bedeutende deutsche Dichter der Spätromantik, Joseph Freiherr von Eichendorff, geboren.

Unten: Die Bahnhofstraße mit der katholischen Liebfrauenkirche in Ratibor.

Wir sind in der oberschlesischen Metropole Gleiwitz, einer großen Industriestadt. Hüttenwerke, Eisengießereien, Metallwarenfabriken, Stahlbau, Kesselbau prägten die stürmische, wirtschaftliche Aufwärtsentwicklung. Gleiwitz war Sitz zahlreicher General-direktionen und Behörden, es gab einen Rundfunksender und einen Flughafen.

Bild oben links: Die 1504 geweihte katholische Pfarrkirche Allerheiligen.

Bild rechts: Der Ring mit dem Rathaus.

Bild unten: Der 1812 fertig gestellte, 45 km lange Klodnitzkanal mit 18 Schleusen war eine wichtige Verbindung nach Cosel an der Oder, 1934–39 entstand parallel dazu der Glei-witzerkanal.

Am 3. November 1796 wurde in der durch Graf von Reden gegründeten Königlichen Eisengießerei in Gleiwitz der erste Kokshochofen des europäischen Festlands in Betrieb genommen – damals eine technische Meisterleistung.

Bild oben: Eine der Hauptverkehrsstraßen war die Wilhelmstraße. Wenn man aus der ländlichen Umgebung in diese geschäftige Industriestadt kam, empfand man schon einen gewaltigen Unterschied.

Unten: Das bekannte Haus Oberschlesien an der Wilhelmstraße, gesellschaftlicher Mittelpunkt der Stadt und zugleich vornehmes Hotel, wurde 1928 eröffnet.

Das Stadttheater am Ring in Kattowitz wurde 1906/07 im Jugendstil erbaut.
Obwohl am 20.3.1921 nur 15% der Bevölkerung für Polen stimmte, wurde die Industriestadt Kattowitz am 15.5.1922 Polen zugeteilt.

Ein weiterer Blick auf die Wilhelmstraße in Gleiwitz im Sommer 1940, das Bild einer typischen deutschen Großstadt.
Ab Ende März 1945 durfte in den Kirchen von Gleiwitz nicht mehr deutsch gebetet,
gesungen und gepredigt werden.

Gleiwitz,
Wilhelmstrasse.

Kattowitz
Grundmannstraße

Die Grundmannstraße in Kattowitz mit prächtigen, hohen Bürgerhäusern. Die Kommunalpolitiker Grundmann und Holtze erreichten 1865 die Stadterhebung.
Ähnlich wie in anderen Industriestädten im „schlesischen Ruhrgebiet" dominierten auch hier ehrgeizige Großprojekte, die von mutigen Unternehmern Anfang des 20. Jh. gegründet wurden.

Wie sich die Straßen gleichen! Links Gleiwitz, unten die Friedrichstraße in Kattowitz.

Das oberschlesische Industrie- und Kohlerevier gehört mit seinen reichhaltigen Steinkohlen-, Zink- und Bleierzgruben zu den größten seiner Art in der Welt.
Die Donnersmarckhütte überragt das Stadtbild von Zabrze mit weithin sichtbaren, hohen Schornsteinen.

Die Großgemeinde Hindenburg hieß bis 1915 Zabrze, sie wurde dann nach dem Sieger der Schlacht bei Tannenberg umbenannt.
Die industrielle Entwicklung der Stadt ist eng mit der Familie der Grafen Henckel von Donnersmarck verbunden.
Im Bild: Das Stadtzentrum, Kronprinzenstraße/Ecke Peter-Paul-Platz im Jahre 1941.

Königshütte, O.-S.
Ring

Zu den großen Industriestädten gehörte auch Königshütte, die Nachbarstadt von Kattowitz, die ebenfalls 1922 zu Polen kam. Steinkohlegruben und das Hochofenwerk „Königshütte" zogen die arbeitsuchende Bevölkerung an.
Unser Bild: Der Ring in Königshütte.

Warum musste man in das weit entfernte Berlin reisen? Auch hier gab es das Fluidum und die Faszination einer Großstadt: Kilometerlange, breite Boulevards mit unzähligen Geschäften. Jede Stadt hatte ihre beliebte Einkaufsstraße, in Königshütte war es die Kaiserstraße. 1905 war Königshütte nach Breslau die zweitgrößte Stadt Schlesiens!
Dem Gründer der „Königshütte" und Förderer der Stadt, Graf von Reden, wurde 1853 im Stadtpark ein 5 m hohes Denkmal gesetzt. 2002 wurde eine originalgetreue Nachbildung des 1945 zerstörten Denkmals enthüllt.
Der geniale Wirtschaftsfachmann, Graf von Reden (1752–1815) war Leiter der gesamten Bergwerksindustrie Schlesiens, führte viele neue Techniken ein und entwickelte den schlesischen Kohle- und Erzbergbau zu seiner führenden Stellung.

Die Marienkirche in Beuthen O.S., erstmals
1231 erwähnt, stammt in ihren wesentli-
chen Teilen aus dem 16. Jh. und wurde
1852–57 umgebaut.

Das Rathaus mit dem schlanken, spitzen
Turm am Ring in Beuthen O.S. – ein Wahrzeichen der Stadt.

Der Kaiser-Franz-Josef-Platz mit dem Traditionskaffee Hindenburg (im Hintergrund).

Beuthen O.S. bot eine vielseitige, kulturelle Vielfalt. Ein Landestheater und Landes-
museum, eine Landesbibliothek und Ausstellungen erfreuten die Einwohner. Vor der
Oberrealschule stand das einzige Reiterstandbild Oberschlesiens, das Friedrich dem
Großen gewidmet war. Rund um Beuthen gab es eine rege Industrie sowie Steinkohlen-,
Zink- und Bleibergwerke.
Unsere Abbildungen oben: Der Ring mit Rathaus und Marienkirche. Unten: Die Glei-
witzer Straße, Richtung Ring/Rathaus, eine schöne Aufnahme von 1908.

Die auf den Post-
karten gezeigte
Romantik nahm
1914 ein jähes Ende.

In der äußersten Ecke Oberschlesiens konnte Myslowitz das einmalige Prädikat für sich in Anspruch nehmen, an der „Dreikaiserreichsecke" zu liegen. Und in der Tat stießen hier drei mächtige Kaiserreiche – Österreich, Russland und Deutschland – zusammen. Auf dieser Seite sind oben der Grenzübergang nach Russland und unten eine alte Straßenkarte von 1910 abgebildet.

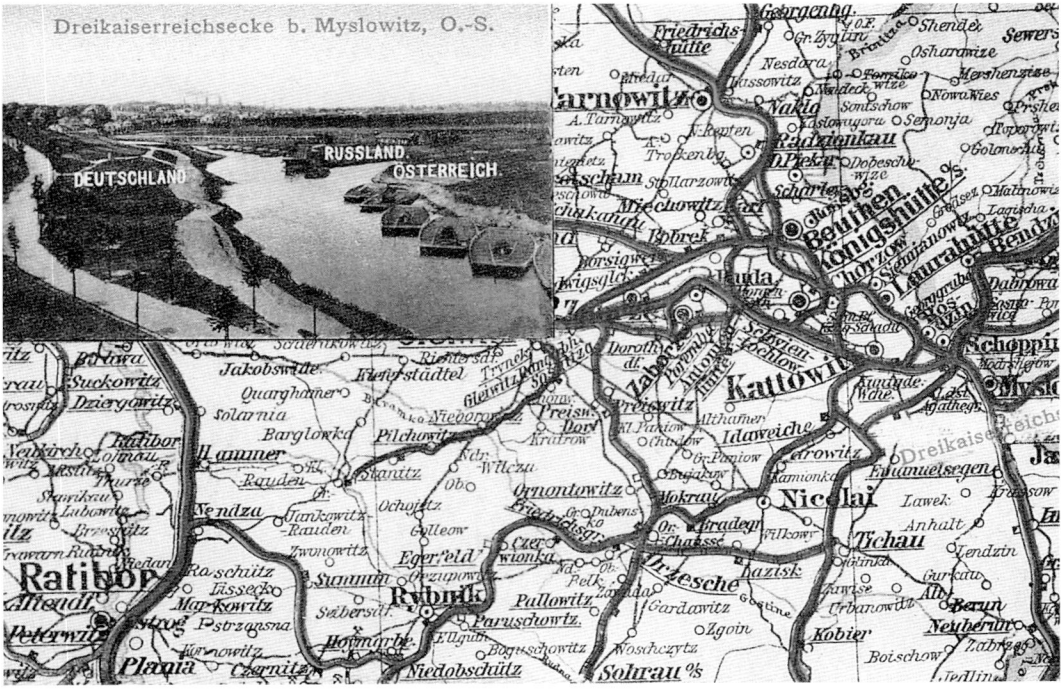

Die Stadt Myslowitz ist in einer Urkunde von 1360 erstmals erwähnt, in der Herzog Nikolaus von Troppau-Ratibor einem Otto von Pilica den Erwerb von Myslowitz und einiger umliegender Dörfer bestätigte. Die Aufnahme von 1940 zeigt die evangelische Herz-Jesu-Kirche mit dem Postamt.

Schloss Pless mit Terrasse

Pless ist eine deutsche Stadtgründung von 1276, sie wurde 1327 als „civitas Plesna" bezeugt. Diese Karte erinnert an die alten Häuser am Ring (unten). Bekannter als die Stadt ist jedoch der Name des Fürstengeschlechts aus altem schlesischen Uradel „von Pless", das seit 1185 urkundlich unter dem Namen von Hochberg erwähnt ist. Hans Heinrich X., Graf „von Hochberg" (1806–55) wurde 1850 zum Fürsten von Pless erhoben.
Das von den Fürsten Mitte des 18. Jh. erbaute dreiflügelige Schloss war von 1915–17 im Ersten Weltkrieg „Großes Hauptquartier" Kaiser Wilhelms II.; hier befand sich die deutsche Heeresleitung.

Pless O/S. ✓. 21. 8. 01.
Ring

Westöstlich von Pless lag nahe der Weichsel der kleine beschauliche Ort Deutsch-Weichsel, ein Platz ohne große, spektakuläre Vergangenheit. Das Bild oben zeigt die Schrotholzkirche mit dem Pfarrhaus, unten sieht man Vorreiters Gasthof mit Pferdekutsche.

Die Stadt Pless war Mittelpunkt des Plesser Landes, auf dem weiträumigen Ring traf man sich um einzukaufen, um Neuigkeiten zu erfahren und um Behördengänge zu tätigen. In der Mitte des 18. Jh. entstand die evangelische Kirche (links), unmittelbar daran wurde das Eckgebäude des Rathauses errichtet.

Die Industriestadt Schwientochlowitz bei Königshütte stellt sich auf diesen Fotos vor. Auch diese Stadt ist aus drei Orten zusammengewachsen, sie gehörte seit 1828 zum Besitz des Grafen Henckel von Donnersmarck. Oben sehen wir einen „Tummelplatz", in der Mitte die Nimptsch-Straße und unten die Dos-Straße.
Nicht viel anders ist die Entwicklung von Bismarckhütte verlaufen; einzelne Orte, die sich an Kohlengruben gebildet hatten, wurden zu dieser Stadt zusammengefasst.

Grenzübergänge in ein anderes, fremdes Land bergen immer eine Faszination in sich und an solchen Orten lässt man sich gerne fotografieren, so auch geschehen in Botzanowitz im Kreis Rosenberg, an der deutsch/russischen Grenze um 1904.

Gasthaus und Gartenrestaurant, Bes.: Johannes Schwertfeger
**Gruß aus dem Ausflugsort Panewnik**
Post Idaweiche □ Bahnstation Idaweiche—Kochlowitz □ Öffentliche Fernsprechstelle

Garten

Neumarkt und Volksschule.

Im östlichen Teil Oberschlesiens liegen viele Ausflugsorte mit berühmten Kirchen und Klöstern (Rossberg bei Beuthen, Himmelwitz, Rauden, Tworkau, Panewnik, Pschow, Deutsch Piekar). Die Fotos zeigen die Orte Panewnik und die Stadt Preiskretscham, in der ein großer Verschiebebahnhof zur Entlastung von Gleiwitz angelegt wurde.

Sohrau liegt auf halbem Wege zwischen Rybnik und Pless und war früher eine bedeutende Tuch- und Leinenweberstadt, später kamen dann im Industriezeitalter Eisen- und Maschinenbaubetriebe dazu. Die Stadt an der Rude hatte 1939 rund 5900 Einwohner. Das Bild dokumentiert den Ring mit dem Rathaus zu deutscher Zeit, um 1910.

Der Wallfahrtsort Deutsch Piekar im Kreis Tarnowitz wird von den hohen Türmen der katholischen Kirche überragt, die 1848 an Stelle einer alten Holzkirche erbaut wurde. Zink- und Steinkohlebergbau waren wichtige Wirtschaftszweige der Stadt, 1811 entstand die „Scharley-Grube", in der nach dem kostbaren Galmei gegraben wurde.

Das mächtige Franziskanerkloster in Panewnik im Kreis Pless ist ein gern besuchter und bei Kunsthistorikern beliebter Ausflugsort, es wurde zwischen 1903 und 1908 erbaut.

Rybnik war ein Handwerks- und Ackerbürgerstädtchen, bis sich auch hier Anfang des 19. Jh. große Industriebetriebe ansiedelten und Eisenhütten entstanden. Auf dem Ring herrscht reger Handel, im Vordergrund stehen Gemüsewagen aus der Ratiborer Gegend.

Die katholische Kirche in Rybnik, entworfen von Architekt Ludwig Schneider aus Oppeln, eingeweiht 1906, mit vielen spitzen Türmchen, wurde im neogotischen Stil erbaut. Sie beeindruckt auch durch ihre hohen Doppeltürme.

Hier in der „Freien Bergstadt Tarnowitz" besichtigte Johann Wolfgang von Goethe anlässlich seiner Schlesienrundreise 1790 die erste aus England stammende Dampfmaschine, die im weit entfernten Oberschlesien aufgestellt wurde. Sicher hat Goethe auch vor diesem Rathaus gestanden, es wurde Mitte des 16. Jh. erbaut.

Zum Abschluss ein schönes Foto von der Gleiwitzer Straße in Nikolai aus der „guten alten Zeit". Die ostoberschlesische Industriestadt 12 km südwestlich von Kattowitz, wurde 1250 als deutschrechtliche Stadt gegründet und erhielt ihren Namen nach der dem St. Nikolaus geweihten Kirche.

## Schlesien

**Brandenburg**

Grünberg

Guhrau

Glogau

**Polen**

Sagan

Militsch

**Sachsen**

Bunzlau

Trebnitz

Görlitz

Liegnitz

Lauban

**Breslau**

Striegau

Kreuzburg

Hirschberg

Schweidnitz

Brieg

Waldenburg

Oppeln

Glatz

Neisse

**Tschechoslowakei**

Beuthen

Königs-

Gleiwitz

hütte

Hindenburg

Kattowitz

Ratibor

Rybnik

Jeder Abschied fällt schwer, und der von Schlesien ganz besonders. Eine unglaublich reiche Kulturlandschaft haben wir durchwandert, von Görlitz bis Myslowitz, so wie sie bis 1945 bzw. 1921 bestand und in Jahrhunderten gewachsen ist. Heute hat sich vieles geändert und dieses Buch soll mithelfen, die Erinnerung an dieses herrliche Schlesierland und an seine Menschen zu bewahren.